保障房建设融资的国际经验、模式创新与风险控制

郭宏宇 著

中国财经出版传媒集团
经济科学出版社
Economic Science Press

图书在版编目（CIP）数据

保障房建设融资的国际经验、模式创新与风险控制/
郭宏宇著．—北京：经济科学出版社，2017.5
ISBN 978－7－5141－8035－0

Ⅰ.①保…　Ⅱ.①郭…　Ⅲ.①住宅金融－融资
模式－研究－世界　Ⅳ.①F299.1

中国版本图书馆CIP数据核字（2017）第092778号

责任编辑：于海汛　刘　悦
责任校对：杨　海
版式设计：齐　杰
责任印制：潘泽新

保障房建设融资的国际经验、模式创新与风险控制
郭宏宇　著
经济科学出版社出版、发行　新华书店经销
社址：北京市海淀区阜成路甲28号　邮编：100142
总编部电话：010－88191217　发行部电话：010－88191522
网址：www.esp.com.cn
电子邮件：esp@esp.com.cn
天猫网店：经济科学出版社旗舰店
网址：http://jjkxcbs.tmall.com
北京汉德鼎印刷有限公司印刷
三河市华玉装订厂装订
710×1000　16开　13.5印张　200000字
2017年8月第1版　2017年8月第1次印刷
ISBN 978－7－5141－8035－0　定价：38.00元
（图书出现印装问题，本社负责调换。电话：010－88191510）

本书为北京高等学校青年英才计划项目（Beijing Higher Education Young Elite Teacher Project）“保障房建设融资的国际经验、模式创新与风险控制”（YETP1347）的成果

前言 PREFACE

居住是基本的生活需要，为保证弱势群体的最低或基本住房需求，各国政府在不同时期采取了不同模式来保证最低或基本条件住房的可获得性。但是，无论以何种方式来实现住房保障，都需要获得巨额的资金并面对由此产生的风险。当政府从供给端实现住房保障时，问题就具体化为如何为保障房建设融入所需的资金，以及如何控制融入资金时产生的各类风险。

保障房建设不是全新的事物，其融资模式的各种创新也是基于历史与国外的经验，并保存着既有融资模式的痕迹。为此，本书着重梳理了中国保障房建设融资的发展历程，对公有住房和出租私房的融资模式进行了回顾，以剖析住房保障的融资模式如何从极度依赖财政走向极度依赖金融。同样，本书也梳理了典型国家的住房保障融资模式，并剖析这些国家的住房保障融资模式如何在供给和需求两端得以实现。

对于当前中国涌现的各类保障房建设融资模式，本书从制度演变的角度分析其特点并预测其发展方向。保障房建设融资模式的演变无疑涉及各级政府、开发商、各类金融机构和受保障群体的多重博弈，但更重要的是制度成本问题。保障房建设融资模式的演变，反映为各方不断控制制度形成和维护成本的过程，当制度形成和维护成本已经无法得到有效控制时，新的融资模式便在成本无法控制之处产生，并进入新融资模式下的制度形成和维护成本控制过程。而在制度成本当中，谈判成本又处于核心地位，甚至决定着住房保障主要在供给端还是需求端实现。

保障房是准公共品，必然受财政支持并带来财政风险，保障房建设依赖银行资金，必然会给银行带来违约风险与政策风险等金融风险，保障房建设融资具有庞大的规模，必然会对整个金融体系产生潜在的冲击并带来系统性风险。本书以财政风险、金融风险与系统性风险为基本类别，将中国保障房建设融资中的各类具体的风险进行归类，并剖析各类风险演化为财政风险、金融风险，尤其是系统性风险的机制。

本书在最后探讨了保障房建设融资风险的控制思路。对于财政风险而言，主要是防止住房保障职能的泛化，避免过度担保等“越位”行为；对金融风险而言，主要是审慎推动金融创新并在激励与监管之间取得平衡；对系统性风险而言，主要是确立审慎监管思路，实行结构化的风险控制政策并对保障房融资中的系统性风险给予必要的补偿。我们认为这些风险控制思路可以为中国保障房建设融资风险的监管提供一定的借鉴。

郭宏宇

2017 年 4 月 15 日

目录 CONTENTS

第一章

我国保障房建设融资的发展历程

保障房是“保障性住房”的简称①，是从供给端进行的住房保障，保障房建设融资即为从供给端实现住房保障所进行的融资行为。当经济发展到一定阶段，主流意见认为居住是一种基本生活需要，住房保障要求便被提出，以保证一国居民应当享有一定水平的住房条件。显然，实现住房保障可以从两个方向着手：一是从供给端着手，兴建住房并以低价格提供给需保障的目标人群；二是从需求端入手，将对购房资金的补贴提供给需保障的目标人群②。建设保障房即前一个着手的方向。

但是，保障房的概念仅在商品经济下才有意义。自然经济时期，家庭进行自给自足的生产，住房也由家庭自行生产并消费。计划经济时期，住房由国家统一建设并分配，这时虽然也有不同人群住房水平的差异，但是从理念上来看一切住房都存在分配给弱势群体的可能，所以虽然也面临住房保障的困难，但是不需要单独提出专供弱势群体的“保障性住房”概念。只有在商品经济时期，住房作为一种商品，而商品化的住房只能根据市场原则来交易，不再面向弱势群体。为使得弱势群体可以获得住房保障，只能提出“保障性住房”的概念，以作为商品化住房的补充。对于1949年之后的新中国而言，除农村地区自给自足式的住房保障、城市在计划经济时期和商品经济时期的住房保障之外，还包括了过渡时期的住房保

① 后文如非特别强调，“保障性住房”均简称“保障房”。

② 典型的方式是低利率的公积金贷款。

障，即土地改革时期的农村住房保障、城镇社会主义改造时期的住房保障，以及由实物分配到商品分配过渡时期的住房保障。

商品经济下住房保障有着多种实现模式，每一种实现模式对应着一种融资模式。融资模式既是实现各种住房保障模式的保证，又是各种住房保障模式演变的驱动力。中国的住房保障模式演变，与住房保障融资中的财政压力关系密切，是从极度依赖财政体系走向极度依赖金融体系的过程。

第一节　新中国成立初期的保障房建设融资

新中国成立初期的住房保障是过渡时期的住房保障，并非单一模式，而是两种模式的混合物。一种是可快速解决矛盾但是只能短期运作的模式，主要是通过土地改革和没收官僚资本进行的强制性住房分配；另一种是可长期运作的模式，是下一阶段住房保障模式的萌芽，包括出租的公有住宅与私有住宅。

一、住房保障的实现模式：农村的土地改革与城镇的房屋租住

1949～1957 年，我国处于国民经济恢复时期和社会主义改造时期。在农村，土地改革已经保证农村居民有自建住房的可能，基本解决了农村的住房保障问题。之后的住房保障问题主要指城市居民的住房保障。

（一）农村住房保障的解决方式：土地改革

农村的住房保障主要通过土地改革完成。在 1947 年 10 月 10 日公布的《中国土地法大纲》中规定，“乡村农会接收地主的牲畜、农具、房屋、粮食及其他财产，并征收富农的上述财产的多余部分分给缺乏这些财产的农民及其他贫民，并分给地主同样的一份”。接受地主房屋与征收富农的多余房屋，并由乡村农会进行分配成为保证农村弱势群体基本住房需求的主要模式。1950 年 6 月 30 日，《中华人民共和国土地改革法》正式公布，不再征收富农的房屋，而是没收地主在农村中多余的房屋并征收工

商业家原由农民居住的房屋，并由乡农民协会统一分配。对于城市郊区，按照1950年11月21日公布的《城市郊区土地改革条例》，所有没收得来的房屋，除大建筑及风景区的别墅等不适合于农民居住的房屋留作公用外，其余均分配给农民所有，以解决贫苦农民住房缺乏的困难。总的来看，这一时期的住房保障依托土地改革，保障标准以“乡”为单位确定，并主要通过土地改革下的存量调整方式来实现。之后，农村住房保障主要实行家庭自我保障或互助为主的模式。

（二）城镇住房保障的初步尝试：房屋租住

在新中国成立初期，城镇住房保障尝试了多种模式，其中一些模式在规范之后被保留下来，成为下一阶段实物分配时期的主要模式。

1. 没收官僚资本的房屋并出租

城镇的住房保障主要是解决劳动人民居住面积狭小、卫生条件差的问题，被视为政治翻身之后的经济翻身。新中国成立之后，将官僚资本拥有的住房没收，并作为公有住房出租。如中南军政委员会规定，“凡属国民党反动政府所有的房屋，及其所接收的敌伪房屋，均应由当地人民政府接收。凡属战争罪犯，国民党反动派首要分子，罪大恶极反革命分子，及官僚资本家之房产，由省（市）人民政府先予查封使用，并报告本会[①]审核，本会认为应即确定没收者，报请中央人民政府政务院批准施行”[②]。但是，一方面官僚资本拥有的住房并不足以满足全部城镇居民的基本居住条件；另一方面这些公有住房还要向机关、事业和企业单位出租。所以，这一方式只能在短期内解决部分人群的住房保障问题。

2. 大规模建设工人住宅并出租

新中国成立初期，住房被视为社会主义国家的正常福利，而住房缺乏的现象被认为是资本主义时期遗留的问题，需要在社会主义时期将其根本解决，从而在各大城市开展国内历史上首次大规模的工人住宅建设。以上海为例，新中国成立后8年新增住屋322万平方米。与1949年相比，

---

① 指“中南军政委员会”。

② 《中南军政委员会关于中南区城市房产权的几项原则决定》，载于《江西政报》1951年第1期，第100~102页。

1956年增长了11.80%①。1953～1957年，我国完成了第一个五年计划（简称“一五”），这一时期重点建设国营企业职工住宅，其居住标准大幅提高，并与重点工业项目相结合，同步推进。与国民经济恢复时期相比，“一五”时期的保障房建设规模明显提高，如表1－1所示，但是这一时期的城镇居民住房保障主要关注基本的居住问题，配套服务设施并不完善，也不很注重建筑的美观问题②。之后住宅的建设与分配主要参考苏联经验，从供给端进行保障房建设，以两个基本模式推进：一是国营企业职工住宅，以一定的住房保障标准建设，面向国营企业职工；二是公共建筑，以改善其他所有制经济中劳动者的住房条件，面向居住在简易房屋和棚户中的城镇居民。其中，在租住公共房屋时，以贫苦烈、军、工属为代表的特定低收入人群可以在租金上可以酌情照顾③。

表1－1　　1949～1957年各时期住宅竣工面积

年份	时期	住宅竣工面积（万平方米）
1949～1952	国民经济恢复时期	1462
1953～1957	第一个五年计划时期	9454

资料来源：《中华人民共和国经济档案资料选编（1949～1952年）》基本建设投资和建筑业卷第655页；《中国统计年鉴（1984）》。

3. 规范私有房地产的出租

由于公营企业机关与群众团体的增加，住房、仓库与旅馆仍然供不应求，出现“城市房荒”现象。通过相关杂志作为对比所引述的美国、法国“房荒”来看，当时所提的“房荒”现象主要是青年工人家庭和城市贫民的住房保障问题④。为解决“房荒”问题，采取四项措施。一是统一房地产的管理和调配，对私有房地产进行整理，并在征得业主同意后予以租赁

① 赵翔：《上海住房居住潜力问题研究》，载于《学术月刊》1958年第4期，第44～49页。

② 董志凯：《从住宅问题看我国基本建设投资特点及其历史变化》，载于《中国经济史研究》1996年第3期，第1～12页。

③ 《中南军政委员会关于中南区城市房产权的几项原则决定》，载于《江西政报》1951年第1期，第100～102页。

④ 昭远：《美国的房荒》，载于《世界知识》1952年第39期，第16～17页；筠：《塞纳省的房荒》1953年第14期，第32页。

或购买。二是公私部门根据各城市统一的规划修盖房屋。三是协调空地使用，私人空地也以公平价格强制购买或租赁。四是要求房屋业主与公平价格买卖与租赁①。其中，为维护低收入群体的利益，由各市人民政府根据房屋折旧、捐税和利润拟定租金标准，并且严禁“二房东”中间剥削②。

4. 发动职工自建公助住房

1956年左右，城镇居民的住房保障面临新的挑战，即职工家属由农村迁入厂区。由于公房租金约为民房租金的1/3且水电等基础设施完善，所以职工家属大量居住工厂宿舍而造成职工宿舍紧张③。其解决思路主要是发动职工自建公助住宅，并缩减保障范围④，其中，自建公助模式由企业组织闲余劳动力和建筑户互助，在原材料与土地许可的条件下由职工自建，职工对地皮、公共设施之外的公助住宅拥有全部房屋产权，可以转让，但是不得出租，也不得借给非供养亲属或朋友使用⑤。

二、住房保障的融资模式：农村的自我保障与城镇的三方负担模式

任何住房保障融资模式都是一个完整的体系，并受住房保障模式和财政金融体制的制约。但是从其制度设计来看，主要关注并试图解决的都是特定住房保障模式下最为突出的资金难题，并由此推动住房保障融资模式乃至住房保障模式的演进。

① 《中南军政委员会发布关于解决城市房荒的几项原则规定》，载于《江西政报》1951年第Z2期，第57～58页。

② 《中南军政委员会关于中南区城市房产权的几项原则决定》，载于《江西政报》1951年第1期，第100～102页。

③④ 冶金部有色局某厂工作组：《一个工厂的住宅问题》，载于《劳动》1957年第21期，第14～15页。

⑤ 《纺织职工自建公助建筑住宅暂行办法》，载于《中华人民共和国国务院公报》1956年32期，第859～863页。

（一）农村住房保障融资：家庭生活资金与生产资金的权衡

受经济发展水平限制，农村的生产分工并不发达，所以农村住房保障以家庭自我保障或互助为主。由于家庭既是农村的生产单位又是农村的生活单位，所以农村住房保障融资中最突出的问题是生产资金与生活资金的权衡。

土地改革基本上保证了当时农村居民的最低住房条件。由于贫困农民的住房保障主要通过没收地主的房屋来解决，所以在新中国成立初期，农村的保障房资金来源主要为没收自地主的财产，虽然也存在将所没收的地主财产主要用于改善生活还是促进生产的争论，但是相对而言在实现住房保障时生产资金与生活资金的矛盾尚不突出。

随着农村生产力的提高和人口的迅速增加，农村居民要求改善其住房条件。在以家庭自我保障或互助为主的模式下，住房保障的主要资金来源是农业资金的增值。在农业增产之后，农民除增加农业投入之外，也利用剩余资金来改善住房条件。根据资料记载，农民丰收之后进行了较大规模的住房建设，如安徽省贵池县天农、建国、西埂三村农民在 1949 年末丰收之后共盖了 3009 间新屋①。对农村住房保障融资而言，主要是以互助金融形式促进家庭之间生活资金和生产资金的相互转移。但是由于重在促进生产，所以和农村住房保障相关的融资形式往往在一定程度上抑制了农村住房条件的改善速度，如案例 1－1 所示。

案例 1－1

互助模式下的生产与生活资金调剂

湖北省鄂城社山乡六区石山乡信用社主任梁某有三棵大树，准备以后盖房子用的，但他看到本乡肖某互助组缺少搅湖草的船，征得家庭同意后，将树公平议价 60 万元存入信用社，由信用社转贷给肖某互助组，做了两只船，解决了全组一石八斗田缺乏肥料的困难。

资料来源：闵光扬：《信用社组织调剂农村生产资料是开展业务扶持贫困农民的方法之一》，载于《中国金融》1954 年第 13 期，第 10 页。

---

① 勉：《丰收后的农村经济与金融》，载于《中国金融》1950 年第 2 期，第 1～2 页。

（二）城镇住房保障融资：三方负担模式

城镇住宅主要由公有住房、出租的私人住宅和自建公助住宅构成，三者的融资模式存在较大差异。但是，政府、企业均对房屋建设与个人租房进行支持，大体呈政府、企业与家庭“三方负担”模式。

1. 公有住房融资：以财政资金建设，以房屋租金维护

公有住房包括旧住宅和新建住宅。其中，旧住宅主要通过没收方式取得，不需要建设资金，而新建住宅主要以企业、事业和机关为单位，归入基本建设投资中的“非生产性建设投资”，由企业报送并纳入统一的住宅建设计划，资金由财政统一筹措。部分地区也允许用自筹经费作为住宅配套设施的建设与维护资金①。银行在结算中实现监督功能，如果没有住房调整委员会负责人批准，可以拒绝提拨银行存款作购买或租赁房屋之用②。

公有住房只能租赁，不能购买，采用的是“以租养房”的方针，通过收取租金来获得公有住房的维护与再建设资金。典型的租金包括折旧、修理费、税费和利润四部分，除折旧赔偿金因优等的住房使用周期较长而较低之外，其余租金成分虽然在计算公式上并未考虑租住人群的收入，但是客观上均随住房等级的改善而增加。在天津市，最优等楼房的利润③占租金比重达到47%，而最低等级的利润占租金比重只有40%；平房的差异更为明显，最优等平房的利润占租金比重达到44%，而最低等级的利润占租金比重只有6%，如表1－2所示。租金各成分的额度及利润占租金比重的差异表现出向低标准住宅的政策倾斜，在一定程度上实现了高标准住宅向低标准住宅的补贴。但是，由于当时收入差距不大，所以这一政策倾斜远高于实际的收入差距。如1950年天津市公教人员平均每人每月收入玉米面43.27公斤，工人平均每人每月收入玉米面41.605公斤，收入差距并不大。但是由于公教人员住房条件较好，所出房租较大，所以公教人员

---

① 《湖南省一九五五年自筹经费管理暂行办法》，载于《湖南政报》1955年第14期，第31～32页。

② 《中南军政委员会发布关于解决城市房荒的几项原则规定》，载于《江西政报》1951年Z2期，第57～58页。

③ 利润计算公式为每月计租单位之利润＝单位房屋造价 $\times \frac{1}{100} \div 12 \times \frac{\text{总面积}}{\text{计租面积}}$。

的应缴公产房租相当于收入的1/9.3，而工人应缴公产房租相当于收入的1/23.8，公教人员所交租金占收入比重远高于工人①。

表1－2　　天津市民用公产房房租各种成分计算

房屋类别	楼房					平房							
房屋①等级 / 小米斤数 / 各种项目	一	二	三	四	五	一	二	三	四	五	六	七	八
折旧赔偿金	0.162	1.158	1.708	2.686	2.2	0.108	0.744	0.96	1.738	2.674	2.776	4.278	7.026
经常修理费	7.19	6.38	4.69	3.63	3.00	4.79	4.25	2.46	1.56	2.35	1.13	0.75	0.41
房捐	3.96	3.08	2.64	2.2	1.76	3.96	3.08	2.2	1.32	0.88	0.528	0.264	0.132
管理费	1.0	1.0	1.0	1.0	1.0	1.0	1.00	1.0	1.0	1.0	1.0	1.0	1.0
保险费	7.91	7.02	5.16	4	3.3	5.31	4.69	2.91	1.72	1.29	0.625	0.414	0.23
利润	17.97	15.95	11.73	9.08	7.50	11.98	10.60	6.61	3.91	2.93	1.42	0.94	0.52
合计	38.19	34.59②	26.93	22.60	18.80	27.15	24.36	16.14	11.25	11.12	7.48	7.65	9.32
加印花税0.3%后之房租额	38.30	34.69	27.01	22.66	18.85	27.23	24.43	16.18	11.28	11.15	7.50	7.67	9.34
利润占租金比重③	47%	46%	43%	40%	40%	44%	43%	41%	35%	26%	19%	12%	6%

原注1：此表所计出之房租额系指每计租单位（100平方市尺）之租金额。

原注2：此数额可相当于房屋半旧时之租额。

原注3：可将表列房租额与下面市民负担力调查结果相比较。

注①：楼房按照建筑情况与设施的优劣分为一至五级，其中一级最好，五级最差；平房按照建筑情况与设施的优劣分为一至八级，其中一级最好，八级最差。

注②：原表中第二等级楼房租金合计数为34.69，此处进行了修正。

注③：表中最后一行根据原表“利润”和“加印花税0.3%后之房租额”计算得出。

资料来源：《公产管理局重新评定民用公产房租的总结》，载于《天津市政》1950年第19期，第30页。

尽管公有住房力求实现“以租养房”的方针，但是执行时出现较为严重的“房租偏低”问题。一方面，房租由省级政府统一制定，缺乏弹性。如上海公用住房的计租标准按照1937年7月的一般房租为月租基数，先

① 《公产管理局重新评定民用公产房租的总结》，载于《天津市政》1950年第19期，第28～34页。

乘以 1.2 折实单位，再折合人民币计算，这一标准一直延续到 1955 年[①]。由企业征收时，典型的房租计算公式为（基本租金 ± 绩点）× 计租面积，其中基本租金由省级政府统一规定，为每平方米的租金，每一绩点为基本租金的 1/100[②]，具体负责的企业并没有灵活的租金调整空间。另一方面，起初制定的租金偏高，继而调减，而调减方式其初始简单的打折，而非精确计算实际所需的维护与再建设资金，之后虽有较精确的核算，但是面向低收入者的住房租金仍是明显偏低的[③]。二者结合的结果，是公有住房房租呈现向下刚性，虽然也有一些地区存在房租偏高的现象，但是更为突出的是“房租偏低”问题。虽然针对偏低的房租，一些调研组提出在收入可承受的范围内适当增加房租的政策建议[④]，但是“房租偏低”问题仍长期存在。偏低的房租还面临年以收取的问题。民用公房的租金自 1951 年起要求由单位统一扣缴，但仍有大量需房管部门挨户收租。根据 1962 年披露的数字，天津市尚有十五万四千多民用公房户未实行由单位扣缴的办法，占全部民用公房总数的 71.2%。[⑤]

2. 私人出租住房融资：租金规范化，企业给补贴

出租的私人住宅由私人自行修建，其租金随行就市。由于新中国成立前国民党政府冻结房租且禁止收取实物房租，而物价又飞速上涨，所以“顶费”盛行。所谓“顶费”，包括二房东在让渡转租权时向三房东勒索的高额费用、房客向房东或二房东进行的贿赂，或是以住宅中家具价格的名义收取的高额费用[⑥]，由于上海住房紧张，房客的住房消费需求缺乏弹

① 《关于社会主义房租的性质和计租标准问题的探讨》，载于《学术月刊》1957 年第 10 期，第 50～53 页。

② 《山西省省级机关工作人员住用公家宿舍收租暂行办法》，载于《山西政报》1955 年第 19 期，第 60 页；《江西省各级国家机关工作人员住用公家宿舍收租暂行办法》，载于《江西政报》1955 年第 19 期，第 11～12 页。

③ 《公产管理局重新评定民用公产房租的总结》，载于《天津市政》1950 年第 19 期，第 28～34 页。

④ 冶金部本溪工作组：《本溪钢铁公司职工福利方面的几个问题与改进意见》，载于《劳动》1957 年第 21 期，第 13～14 页。

⑤ 《市人民委员会关于职工住用公产房屋租金统一实行由单位扣缴办法的通知》，载于《天津政报》1962 年 Z1 期，第 13 页。

⑥ 严跃平：《抗战胜利后上海房租顶费及其成因》，载于《石家庄经济学院学报》2012 年第 3 期，第 113～117 页。

性，所以这些费用最终几乎全部转嫁给房客。顶费并非租金的一部分，而是住房投机的结果。虽然新中国成立后取缔了顶费，但是巨额押租、长期预收租金和高价附卖家具的现象仍然流行，使得低收入人群仍难以获得必要标准的住房。因此，对于出租的私人住宅，新中国成立初期主要是打击投机，将租金导入正轨。

企业通常对于租用民房的职工进行补贴。如当时的冶金部某厂，职工租民房一间半，月租金 5 元，公家补贴 1.8 元，实际自付 3.2 元。类似的公房，月收费只有 1.5 元[①]。一方面显示出公有住房明显偏低；另一方面也表明企业向私人建设并出租的住房提供了间接的补贴。对于政府机关工作人员，由于公用经费紧张，从 1957 年起限制房租补贴，对未补贴的租用民房的工作人员不再给予住房补贴，尤其禁止租用旅馆作为职工宿舍[②]。

3. 自建公助住房融资：补贴与优惠贷款

自建公助是当时鼓励的住房保障模式，和自修公助、储蓄造房相似，均为动员职工自己力量，并由企业和政府进行补贴，其投入来自家庭、企业和政府三方。家庭的投入为自有资金、富余劳动力和建筑设计，企业的投入为统一筹划并供应建筑材料、划拨建筑住宅用地、管理公共设施、提供住宅建设贷款或向中国建设银行贷款，政府投入为暗补，主要体现在向企业提供建筑住宅用地[③]。

在自建公助模式中，贷款起到重要的作用。自建公助建设贷款包括企业代向中国建设银行申请的贷款和提取部分企业奖励基金发放的贷款，其中，银行贷款利息由职工本人负担，企业贷款一律不收利息。贷款额度一般不超过房屋造价的70%，对有能力自建住宅的职工尽量少贷。还款标准参考职工月收入和家庭人口计算生活费，不能影响职工一般生活水平。还款期限不超过 48 个月，确有困难者不超过 60 个月。贷款根据工程进度和实际情况分期下拨，不得移作他用。集体外包的由企业负责职工住宅的机

① 冶金部有色局某厂工作组：《一个工厂的住宅问题》，载于《劳动》1957 年第 21 期，第 14～15 页。

②③ 《安徽省人民委员会批转财政厅“关于宿舍房租补贴意见报告”的通知》，载于《安徽政报》1957 年第 9 期，第 8～9 页。

构统一掌握使用，自行建筑住宅的也由企业行政和工会组织监督使用。贷款由企业行政按照职工制定的还款计划逐月从工资中扣还。享受劳动保险待遇者，由劳动保险会计在其保险金内扣还①。

第二节　实物分配时期的保障房建设融资

1956 年，在中央政府的推动下，城镇私有住房全面推行社会主义改造，私有住房的租金不规范问题得到较为彻底的解决，并正式确立了以租住住房实现住房保障的模式。无论是公有住房还是私有住房，租金是房屋维护和再建设的主要来源。但是，这一时期的住房仍以福利形式存在，公有住房的房租相对较低，导致房屋的建设与维护所需的资金仍主要由财政承担，给财政带来巨大压力。

一、住房保障的实现模式：规范化的房屋租住模式

1958～1980 年，我国的住房保障基本一致。其中，农村住房保障主要依赖自我保障与互助，其矛盾并不十分突出，住房保障问题更多地体现在城镇。城镇居民的住房包括公有住房、自有住房和租用的私有住房三个模式。对于住房保障而言，主要通过租用公有住房和私有住房来解决。

（一）公有住房：演变为企业保障

以公有住房实现城镇居民的住房保障是国家保障的模式，“统一管理，统一分配，以租养房”，是以国家统包、无偿分配、低租金、无限期使用为特点的实物福利性住房制度。但是，由于计划经济之下的国有企业与财政密不可分，且工人为主要的城镇住房保障对象，与企业关系最为紧密，所以城镇住房保障的承担者逐步由政府转移至企业，成为企业保障。实践

① 《纺织职工自建公助建筑住宅暂行办法》，载于《中华人民共和国国务院公报》1956 年 32 期，第 859～863 页。

中，公有住房采用实物分配制度，由所在单位负责管理。

演变为企业保障之后，生产与生活资金同时积聚在企业，带来生产资金与生活资金的矛盾。在实物分配时期，虽然住宅建设的资金来自财政，但是职责下放到企业。对于国有企业而言，主要职责是生产，住宅建设费用属于基本建设支出的一部分，在优先发展重工业，以实现社会主义工业化的总目标之下，“重生产、轻消费”是大趋势，企业并没有足够的动力进行住宅建设，作为生活支出的住宅建设必然要让位于生产投资，导致公有住房的建设未能满足城市居民的住房保障需要。如沈阳市某厂，在 1965 ~ 1979 年期间总产值达 11000 万元，上缴利润与税金 4500 万元，但是住宅建设为 0。绝大多数公私合营的企业也因为无投资而未建住宅①。到 20 世纪 70 年代末，住房不足的问题已经非常突出。1978 年，全国城市平均每人居住面积仅为 3.6 平方米，缺房户占城市总户数的 1/3，而现有住房中失修失养的约占 50%，其中危险住宅占总面积的 10%②。

（二）私有住房：国家经租（政府对私有的出租房屋进行社会主义改造的方式）成为主要模式

经过新中国成立初期的大规模建设，公有住房大量增加，但是私有住房在许多城市仍占重要地位，尤其是无锡市、苏州市等城市，私有住房占全部房产的比重超过了 80%，如表 1 - 3 所示。私有房产并非全部作为住宅，调查显示，当时私有房产的用途为住宅、企业占用和私有房产，其中住宅和企业占用大约各占 50%。如上海市，上海市私人房屋作住宅的占 54.76%，企业占用的占 41.55%，作机关办公的占 1.68%③。

---

① 李义、为群、树桥：《论沈阳市住宅问题》，载于《社会科学辑刊》1980 年第 4 期，第 64 ~ 71 页。

② 吴存忠、吴存孝：《解决城市住宅问题的设想——重读恩格斯〈论住宅问题〉》，载于《吉林大学社会科学学报》1980 年第 6 期。

③ 1956 年中央转批中央书记处第二办公室《关于目前城市私有房产基本情况及进行社会主义改造的意见》，转引自 http://znzg. xynu. edu. cn/Html/? 24158. html。2015 年 12 月 30 日登录。

表1－3　　1955年十城市不同产权房产所占比重

地区	公产（%）	私产（%）	外产（%）
北京	44.35	53.85	1.80
天津	43.41	53.99	2.60
上海	25.80	66.00	7.60
济南	22.00	78.00	0
青岛	57.90	37.90	4.16
沈阳	64.00	36.00	0
哈尔滨	55.31	40.20	4.46
南京	37.75	61.30	0.95
无锡	19.75	80.25	0
苏州	14.00	86.00	0

注：上海市、青岛市和哈尔滨市的三类房产占比之和略小于100%，原资料如此。

资料来源：1956年中央转批中央书记处第二办公室《关于目前城市私有房产基本情况及进行社会主义改造的意见》，转引自 http：//znzg. xynu. edu. cn/Html/？24158. html。2015年12月30日登录。

城市住房保障的解决仍需依赖私有住房，但是私有住房的问题非常突出。一是私有房产集中度高，存在依赖房租的食利阶层。在哈尔滨市，占有一百平方米以上的较大房主占房主总户数的13.71%，但是其房产达到私房建筑总面积的53.75%，且大房主多数是封建王公贵族、军阀官僚后代和以前的投机商，在北京市，属于上述成分大房主占88.4%，完全依赖房租生活的大房主占63.95%①。二是租赁关系混乱，发生大量的房屋纠纷。私有房屋租金持续上涨，预收租金、押租、出兑转兑等变相增租的现象比较普遍，住户的实际负担大大超出了表面的房租数额。与之对应的，是欠租情况比较普遍。个别企业职工因私房租金比公房租金高，自觉吃亏不交租，部分工商业资本家则因自己将被改造故意不交租金。同时，租赁关系中还存在着种种的中间剥削环节，如二房东和“掮客”。

为补充公有住房的不足私有住房仍允许出租，但从1956年起，全面推行私有住房的社会主义改造。中央转批中央书记处第二办公室《关于目

① 1956年中央转批中央书记处第二办公室《关于目前城市私有房产基本情况及进行社会主义改造的意见》，转引自 http：//znzg. xynu. edu. cn/Html/？24158. html。2015年12月30日登录。

前城市私有房产基本情况及进行社会主义改造的意见》①，对当时城市私有房产租赁中呈现的问题给出加强国家控制的解决思路。为使私有住房能真正有助于城市居民住房保障问题的解决，该意见提出五种私人房产改造的形式，以限制畸高的私房租金。这五种改造形式实际上是四种模式：一是国家经租，由国家进行统一租赁、统一分配使用和修缮维护，仅给房主以合理利润，工商业者出租的、与企业无关的房屋也纳入国家经租的范围；二是公私合营，将原有的私营房产公司和某些大的房屋占有者改造为公私合营房产公司；三是制定租金、房屋修缮等的规定，要求出租小量房屋的小房主及暂时还不能纳入国家经租的其他房主遵守；四是国有化，将一切私人占有的城市空地、街基等地产一律收归国有②。到 1959 年底，3/4左右的私人出租房基本完成社会主义改造。安徽省 1959 年统计，共改造私人出租房主 15096 户，房屋 95214 间，约占全部私人出租房屋总数的 70%。从已改造的对象来看，专靠出租房屋为生的房主约占总数的 30% ~ 40%，改造后房主的生活一般地相当于当地群众的生活水平③。山西省改造为国家经租的 4390 户，占出租总户数的 40. 15%，房屋 58770 间，占出租总间数的 77. 75%；仍由房主自营加强管理的 6543 户，占出租总户的 59. 85%，房屋 16819 间，占出租总间数的 22. 25%④。

对私有住房的社会主义改造之后，住房保障责任事实上部分转移到企事业单位。工厂、商业公司、银行、铁路等国有的企业用房和集体宿舍、部队的房屋均自行管理，城市房产管理机构只负有监督的责任⑤。但是，企业缺乏对城乡人口流动的调节能力，经济发展中的住房保障问题越来越突出。

---

①②⑤ 1956 年中央转批中央书记处第二办公室《关于目前城市私有房产基本情况及进行社会主义改造的意见》，转引自 http：//znzg. xynu. edu. cn/Html/？24158. html。2015 年 12 月 30 日登录。

③ 《安徽省人民委员会对“商业厅关于私房改造工作情况和今后意见的报告”的批示》，载于《安徽政报》1959 年第 9 期，第 8 页。

④ 《山西省商业厅关于太原市私房改造工作的报告》，载于《山西政报》1958 年第 27 期，第 10 ~ 12 页。

二、住房保障的融资模式：建设资金来源与租金分配

在住房保障模式规范化之后，需要以特定的融资模式获得足够的资金，以保证既有住房保障模式的可持续性。

（一）住房建设资金：从财政资金到企业资金

为推动住宅建设，改善城镇居民的住房条件，政府需要为住宅的建设与维护融入足够的资金。1958～1980 年，用于改善城镇居民的住房条件的建设资金纳入计划之中，实际上是财政支出的一部分。住宅的维护与再建设所需的资金通过向租住住宅的职工收取的租金来获得，也纳入计划，进入财政资金。

公有住房的建设资金纳入建设计划，主要来自财政拨款，住宅建设中属于基本建设范围的，按照基建程序，逐级报经省计划委员会批准后，按规定在建设银行开立自筹资金账户，由建设银行监督使用。在以财政资金进行住房建设时，需解决的主要问题是住房基本建设投资在基本建设支出中应占有的比重。一方面，计划之内的住宅建设投资比例不能随意变化，即使住房保障需求上升，也不会在短期内带动住宅建设投资增长。另一方面，公有住房的建设资金来源为财政资金，而财政资金又以建设为主，这就带来住房保障资金和经济建设资金的冲突，而住房保障资金作为生活资金具有先天的弱势，资金不足的问题变得突出。从新中国成立到 1980 年，一般认为住宅建设投资不能低于 15%，但全国基本建设中住宅投资所占比例平均只有 5.8%①。住房基本建设投资的比重变化取决于对生产的强调程度，而非实际的工业化进程。一些材料显示，在工业化任务繁重和经济调整时期，住宅投资的比重相对较高，而在“大跃进”和“文革”时期，住宅投资的比重相对较低。尤其是在部分时期提出的“先生产，后生活”

---

① 山西省能源基地经济政策研究组：《关于大同矿务局住宅问题的调查》，载于《经济问题》1980 年第 8 期，第 49～54 页。

“先治坡，后治窝”等口号下，住房建设被极大地忽视了①，导致住房基本建设投资这一主要的住房保障资金来源整体滞后。

公有住房投资受财政体制制约，依单位的行政隶属关系而有着不同的来源。中共中央直属单位、省级人民政府或省政府组成部门所直属单位基本上是国家投资，市以下单位则依赖地方自筹和企业自筹，如表 1－4 所示，实际上将住房保障由国家保障变成了企业保障，带来之后企业职工住房保障程度的巨大差异。一般而言，全民所有制企业可以从厂长基金、福利费或房屋折旧费中提取，虽然也有长期没有建设过住宅的企业，但是相对容易获得资金，而轻纺、烟酒等地方企业虽有很高的产值和利润，但是税收过高，各类资金严格安排了使用方向，没有支配利润的自主权，反而难以获得建设住宅所需的资金②。

表 1－4　　沈阳市 1979 年施工住宅建筑面积分配

项目 单位	住宅建筑面积（平方米）	每人平均面积（平方米）	资金来源
中直单位	600000	2.17	基本上国家投资
省直单位	551000	4.44	基本上国家投资
市以下单位	1789000	1.48	自筹占 90% 以上

原注：市以下企业如不包括中央下放的企业平均不到一米。

资料来源：李义、为群、树桥：《论沈阳市住宅问题》，载于《社会科学辑刊》1980 年第 4 期，第 67 页。

（二）住房租金：租金水平与分配格局

租金是获得住宅维护与再建设资金的主要来源，以对出租私有住房进行社会主义改造为界限，不同时期的呈现不同的问题。在对出租私有住房进行社会主义改造之前，畸高与畸低现象同时存在，就住房保障而言，以

① 董志凯：《从住宅问题看我国基本建设投资特点及其历史变化》，载于《中国经济史研究》1996 年第 3 期，第 1～12 页。

② 李义、为群、树桥：《论沈阳市住宅问题》，载于《社会科学辑刊》1980 年第 4 期，第 64～71 页。

房屋租金畸高更为严峻。调查显示，北京市与天津市的私房租金普遍高于公房，其中北京市私房租金比公房高出50%，青岛市、沈阳市的私房租金与公房相仿，济南市、哈尔滨市的私房租金则低于公房。但是，即使是私房租金低于公房的济南市，也有53%的私房租金高于公房①。在对出租私有住房进行社会主义改造之后，按照国家经租制度，将符合经租条件的私有出租房屋统一进行租赁、统一分配使用和修缮维修，并从收取的租金中分配一定的比例给房主，租金畸高的现象已经基本消失，主要的问题变为租金过低。导致这一现象的主要原因，是工资水平与消费水平较低，住房被视为一种福利，租金也只能维持在较低的水平。

在租金的分配上，公有住房与私有住房存在较大差异。公寓住房的租金大量上缴财政。如甘肃省规定，宿舍租金的30%留本单位作为房屋修缮费，20%上缴财务主管部门统一掌握，以调剂解决部分单位修缮费的不足（不能移作他用），50%由主管单位汇总后上缴财政，列入其他收入②。私有住房的租金中只有相对较少的比例以税收方式进入财政。如上海市的租金分配比例为：维修养护费35%，管理费15%，业务损失5%，资本家所得18%，地产税和复旧费27%③。上缴财政的各项收入（包括直接管理的公房、经租房、代管房的租金、灭蚁手续费及其他收入等）在人民银行设立专户存储，按照预算外资金管理办法进行管理，贯彻先收后支、专款专用的原则，用作维修费、城镇居民住宅的新建和扩建经费、房产税、固定租息、行政管理费、职工工资及义务房管员奖励以及其他支出④。

---

① 1956年中央转批中央书记处第二办公室《关于目前城市私有房产基本情况及进行社会主义改造的意见》，转引自 http：//znzg. xynu. edu. cn/Html/？24158. html。2015年12月30日登录。

② 《甘肃省人民委员会关于制发“甘肃省住兰州市国家机关、事业单位工作人员住用公家宿舍收租办法”、“甘肃省住兰州市国家机关、事业单位工作人员使用公家水电收费办法”和“甘肃省国家机关、事业单位工作人员使用公家家具收租办法”的通知》，载于《甘肃政报》1958年第18期，第520～526页。

③ 赵胜：《上海城市私房的社会主义改造》，载于《当代中国史研究》2010年第5期，第66～73页。

④ 《江西省人民委员会批转省财政厅、建筑工程局“关于加强房产部门财务收支工作若干问题的报告”》，载于《江西政报》1964年第4期，第112～144页。

第三节　过渡时期的保障房建设融资

实物分配模式并未能完全缓解城镇的住房保障压力。随着计划经济逐步转为商品经济，实物分配的问题进一步暴露出来。一方面，无论财政还是企业都无法承担越来越严重的住房保障需要；另一方面，住宅市场也逐步发展起来。这就要求住房保障政策从面向全部城镇人群转为面向部分低收入群体。由于中国的改革是渐进式的，所以住房保障体系的演进也是渐进式的，经历了较长的“双轨运行”时期。

一、住房保障的实现模式：双轨运行

1980～1998 年，我国住房保障进入过渡时期。过渡时期的住房保障制度是“双轨”运行的，既有试点地区的商品化住房供应体系，又有仍在运行的公有福利住房制度。“公房私租”现象也开始出现，即以暂借名义将自己多余空闲住房出租给他人。

（一）严峻的住房保障问题：转型的结果

在发展中国家，二元经济结构已经是不争的事实，要取得发展，就必然会产生劳动力从乡村向城市的流动。由于从农村流入城市的劳动力通常接受较低的工资水平，所以流入城市的农村劳动力将面临更为严峻的住房保障问题。农村人口涌入城市所导致的住房保障问题，在矿山表现的格外明显。根据山西省的调查，1950～1979 年，大同矿务局共增加职工 92212 人，而居住人口增加到 316942 人，是职工增加数的 3.4 倍。涌入矿山的职工主要是青壮年劳动力，结婚住房问题也非常突出，部分地区的此类住房保障需求几乎占 1/3 所有住房保障需求。此外，矿山配套服务机构的职工住房需求、1962 年压缩城镇人口时回乡现在又重新安排工作人员的住房需求，以及下乡知识青年回矿就业或待业、军队转业人员的住房需求也非常庞大。其结果，是按职工人数计算的人均居住面积虽然大幅增长，按居

住人口计算的人均居住面积却大幅减少。如山西大同矿务局，1950～1979年，按居住面积计算的住宅绝对数量增长19倍，按职工人数计算的人均居住面积提高40%，但是按居住人口计算的人均居住面积却减少了20%[①]。住宅紧张被称为四大困难之首，远超过子女上学与就业难、职工农村家属户口难以及副食与蔬菜供应难。

“文革”结束之后，一些新的住房需求涌现，进一步增加了住房保障的难度。一是落实政策之后的人员大规模回流。“文革”期间，随着机构的撤并和干部下放，机关住房需求大幅减少，住宅被分配给机关下属的事业与企业单位，但是随着机构的恢复和落实政策人员的回流，机构和人员编制不断增加，机关住房需求重新增加。二是职工家属占用宿舍。这一问题之前便已存在，一直没有妥善的处理办法，所以持续存在并积累下来，包括迁入的家属、新增的家属和未转出的家属。三是干部的住房标准不断提高，一些机关的标准大幅高于全国城市人口平均居住水平，而分配时均向较高标准看齐。四是苦乐不均，使得部分人员的居住标准显著低于平均水平[②]。

在供给端，制约住房保障的主要问题是建设能力不足。在计划经济时期，虽然由国家统一制定工资标准，但是住房被纳入职工福利的范围，在当时注重生产建设的思路下，建筑队伍主要是进行生产建设，生活建设往往交给资质较差的民间包工队，其人员流动大、施工进度慢、质量低、造价高的问题非常突出[③]。“文革”之后，部分建筑标准过高，使得同等资金所建住宅规模减小，进一步制约了保障房的供给[④]。

（二）渐进式的住房保障改革：试点推进

我国的经济体制改革是“渐进式”的，存在较长的过渡时期，住房保障制度的变革也是如此，从试点城市先行推进。1979年原国家城市建

---

① 山西省能源基地经济政策研究组：《关于大同矿务局住宅问题的调查》，载于《经济问题》1980年第8期，第49～54页。

②④ 丁广澜：《大胆改革省直机关工作人员宿舍的管理》，载于《求实》1980年第1期，第29～39页。

③ 董志凯：《从住宅问题看我国基本建设投资特点及其历史变化》，载于《中国经济史研究》1996年第3期，第1～12页。

设总局、国务院侨务办公室制定了关于用侨汇购买和建设住宅的暂行办法，鼓励华侨、归侨和侨眷用侨汇购买和建设住宅。通常认为，这个暂行规定是住房商品化的萌芽。同年我国政府探索把住宅出售给职工，原国家城市建设总局选择南宁市、柳州市、桂林市、梧州市和西安市五个城市进行增量住房向职工出售的试点，即进行政府统一建设，以土建成本价向居民出售。1980 年 4 月，邓小平提出要在我国进行城镇住房制度改革，以住房商品化为方向，“要考虑城市建筑住宅、分配房屋的一系列政策。城镇居民个人可以购买房屋，也可以自己盖。不但新房子可以出售，老房子也可以出售。可以一次付款，也可以分期付款，10 年、15 年付清。住宅出售后，房租恐怕要调整。要联系房价调整房租，使人考虑买房合算”。1980 年 6 月，中共中央、国务院批转《全国基本建设工作会议汇报提纲》，“准许私人建房、私人买房、准许私人拥有自己的住宅”。

之后，我国政府正式批准公布了关于住宅商品化政策，并建设各类试点。第一类试点是将公有住房出售并给购房者以补贴。1981 年，公房出售试点扩展到 23 个省、自治区的 60 多个城市和一部分县镇。1982 年，鉴于城镇居民工资水平低、购买能力有限，国家有关部门在总结前两年公房出售试点经验的基础上，设计了“三三制”补贴出售新建住房方案，即个人购买住房只支付售价的 1/3，其余分别由政府和企业各补贴 1/3，常州市等 4 个城市进行公有住房出售试点。由于公有住房主要由各单位自己建设、分配，所以公有住房出售所得资金的所有权依然属于原单位①。截至 1985 年底，全国共有 160 个城市和 300 个县镇实行了补贴售房，共出售住房 1093 万平方米。但是，试点中暴露出许多问题，1985 年终止了这种做法。第二类试点是提高公有住房租金。主要做法有“按成本计租，定额补贴”“超标加租”，对青年公寓实行“新房新租”。1985 年，住房制度改革转向租金制度改革的研究和设计方案。1987 年，国务院批准烟台市、唐山市、蚌埠市 3 个城市试行“提租补贴、租售结合、以租促售、配套改革”的方案，将租金提高至接近成本的水平。为保证职工的房租支付能力，同

① 郭树清：《住房分配货币化的风险与抉择》，载于《经济研究》2000 年第 9 期，第 16 ~ 24 页。

时给予职工相当于工资24%的补贴。三个试点城市取得明显成效，在全国引起很大反响。第三类试点是同时提高房租和出售公有住房。1988年，国家制定公布了全国城镇分期分批推行住房制度改革实施方案。1991年，上海市出台“推行公积金、提租发补贴、配房买债券、买房给优惠和建立房委会”五位一体的改革方案。1991年10月，全国住房制度改革会议确立以提租为核心、租售建并举和着重于机制转换的改革政策原则，规范了全国房改的统一政策。要求1992年、1993年两年内所有城镇住房制度改革都要出台实施。

（三）保障房与商品房的分离：法规完善

随着社会主义市场经济的确立，市场化的商品房和政策性的保障房必然最终分离。这就需要在法规制度上同时规范商品房市场与保障房体系。为规范新出现的房地产业，中央政府加强了对房地产领域的法制建设，在生产、流通和消费等各个环节颁布大量法规，促进了保障房与商品房的分离。如《国家建设征用土地条例》《村镇建房用地管理条例》《城镇个人建造住宅管理办法》《中华人民共和国土地管理法》等一系列法规。在行政管理上，1986年2月，成立了“国务院住房制度改革领导小组”，下设办公室，负责领导和协调全国的房改工作。1988年1月国务院召开了“第一次全国住房制度改革工作会议”，1988年2月国务院批准印发了国务院住房制度改革领导小组《关于在全国城镇分期分批推行住房制度改革的实施方案》，标志着住房制度改革进入了整体方案设计和全面试点阶段。1991年6月，国务院发出了《关于积极稳妥地推进城镇住房制度改革的通知》，提出分步提租、交纳租赁保证金、新房新制度、集资合作建房、出售公房等多种形式推进房改的思路。1991年10月召开了全国第二次房改工作会议，确定了租、售、建并举，以提租为重点，“多提少补”或“小步提租不补贴”的租金改革原则；基本思路是通过提高租金，促进售房，回收资金，促进建房，形成住宅建设、流通的良性循环。1992年，“房地产热”造成房价猛涨、资金紧张，于是各地区和各单位借房改出售公房之机，以低价吸引职工购房，掀起全国范围内的低价出售公房浪潮。1993年11月，国务院住房制度改革领导小组在北京召开了第三次房改工作会议，改变了第二次房改会议确定的思路，代之以“以出售公房为重点，售、租、建并举”的新方案。1993 年年底和 1994 年年初，国务院两次明令禁止低价突击售房。1994 年 7 月 18 日，国务院下发了《关于深化城镇住房制度改革的决定》，改变住房实物福利分配的方式为以按劳分配的货币工资分配为主的方式，要求建立以中低收入家庭为对象、具有社会保障性质的经济适用住房供应体系和以高收入家庭为对象的商品房供应体系，要求加快经济适用住房的开发建设，住房保障制度进入新的时期。但是，住房的实物分配形式仍然存在，直到 1998 年 7 月 3 日《国务院关于进一步深化城镇住房制度改革加快住房建设的通知》的正式发布，实物分配形式才正式结束。

二、住房保障的融资模式：双轨运行

与双轨运行的住房保障模式相对应，住房保障的融资模式也是双轨运行的。但是实践表明，双轨运行的融资模式也会相互影响，不但旧融资模式下的问题难以得到解决，新融资模式也难以形成良性循环。但是，双规运行的住房保障模式极大地鼓励了融资创新，农村住房保障中也涌现出新的融资创新行为。

（一）双轨模式的融资问题：相互制约

在双规模式之下，保障房的地位是逐步确立的。在住房保障体系中，既有租住公有租房的租金，又有购买保障房的房价。由于有资格租住公有住房和有资格购买保障房的人群存在重叠，所以公有住房租金与保障房房价相互影响。但是一般而言，这种影响是单向的，租金由旧住房保障制度而维持在较低水平，为使得被保障人群购买保障房，保障房价格也必然维持在较低水平，甚至远低于建筑成本。

1. 旧模式下的租金水平仍然较低

租金过低的问题非常突出。据武汉市房地产公司最近对 1522 户的抽样调查，房租负担平均只占家庭收入的2.3%①。又如某省省委住宅，按照当时的收费标准，每年所收的房租仅有十万元，收取的房租尚不足以贴补住户的水电费用，更不足以弥补维修和管理费用。而这些住宅的建设资金需要两千万元以上，不计时间价值，约需两百年才能将建设投资全部收回，实际上就等于无偿住用。过低的房租不能实现“以租养房”的目标，如武汉市公有住宅的年房租收入平均每平方米只有1.09元，即使全部用作修缮费，也只能达到实际需要的一半②。因此，每年都要靠财政上大量贴补。房管部门也不进行经济核算，忽视住宅分配的经济效益③。

较低的租金伴随着不均衡的补贴，形成促进居民争取更高居住标准的激励机制，助长了房屋的不合理占用。一些地区的房租补贴不考虑居住面积大小，一律补贴1/3。在这一补贴模式下，质量好、面积宽住房的每月房租补贴可达8元、10元，甚至10元以上，住房条件很差的拥挤户的每月房租补贴就只有几角钱，使得城市居民尽量要求更好的居住条件，而不是节约用房。在有限的住房供给下，居住条件的差异变得非常显著。如武汉市中心区的车站街，人均居住面积不足4平方米的占55%，人均面积8平方米以上的占12.8%，甚至部分居民宁可将多余住房空闲，也不肯让一部分出来分配给他人④。

2. 新模式下的价格水平受到限制

双轨运行的目标是实现住房由实物分配向货币分配的转变，政府和企业用于建设、管理和维修住房的全部费用转变为职工的收入，但是由于实物分配下的住房资金来源繁杂，尤其是自筹资金有多个来源渠道，地方政府每年上缴利润和税金过多，留存的城市建设费用有限，难以满足增加住宅建设投资的需要⑤，只能广辟财源，将企业截留的利润、生产设备的折

①②④ 何功建：《住宅问题的现实和解决问题的设想》，载于《江汉论坛》1980年第6期，第13～16页。

③ 丁广澜：《大胆改革省直机关工作人员宿舍的管理》，载于《求实》1980年第1期，第29～39页。

⑤ 李义、为群、树桥：《论沈阳市住宅问题》，载于《社会科学辑刊》1980年第4期，第64～71页

旧以及其他科目的基建和技改投资用于住房建设①，更难以将原有的各类财政资金转移到工资当中。加上并未形成真正的市场价格，所以公有住房的出售价格始终处于较低水平。如常州市，1982 年公有住房出售试点的售价仅为成本的 1/3，无法形成住房资金的良性循环。

（二）农村的住房保障融资创新

随着金融业的发展，农村住房保障开辟了一些新的融资渠道，如建房贷款和建房储蓄存款。上海市南汇县农业银行从 1980 年 1 月起试办“农村建房储蓄”，分定期二、三、四、五年四种，由储户预约期限和金额。存款到期后，建房所需资金的不足部分，银行可按储户存款的期限和金额适当发放贷款。一般存款二年的按存款金额 20% 给予贷款，三年期的按 30% 贷款，其余类推。参加建房储蓄者，在建筑材料供应方面可以优先供应砖、瓦、水泥等材料②。1991 年，黑龙江省农村信用社开办农民建房贷款和建房储蓄存款业务。其中，农民建房贷款的贷款期限一般一至二年，最长不超过三年，月利率为 14.1‰。贷款人须向信用社提出书面申请，并具有经村、镇有关部门批准的建房手续和 50% ~70% 的自有资金。农民建房储蓄存款的期限一般为三年，在此存期内由当地信用社根据存款的具体情况确定建房户的存款期限，执行当时的储蓄存款利率。为提高存款的积极性并为贷款获得资金，采取“以存定贷”的方式，根据建房户的存款额度，确定贷款额度，并且申请贷款至少要存足一半以上的建房资金作为偿还贷款本息的保证金，多存不限③。

第四节　货币化分配时期的保障房建设融资

在社会主义市场经济正式确立之后，普遍福利形式的住房保障制度已

① 郭树清：《住房分配货币化的风险与抉择》，载于《经济研究》2000 年第 9 期，第 16 ~ 24 页。

② 农言：《南汇县农业银行试办农村建房储蓄》，载于《中国金融》1981 年第 10 期，第 24 页。

③ 《黑龙江省农村信用社开办农民建房贷款和建房储蓄存款》，载于《小城镇建设》1991 年第 6 期，第 31 页。

经不适应市场经济的要求。一方面，市场经济下的财政支出规模已经远低于计划经济下的财政支出规模，而利润下滑的国有企业也无法支撑普遍的住房福利；另一方面，普遍福利性质的住房保障极大地降低了住房市场的需求，使得住房市场难以发展。因此，从 1998 年起，国务院要求全面停止福利性的住房分配，使得保障房体系正式结束了普遍福利的时代。

一、住房保障的实现模式：保障性住房

在货币化分配时期，保障房体系正式确立。保障房体系的确立缩小了住房保障的范围，使得住房保障的财政压力大幅降低。但是，即使在政策上区分二者的适用群体，保障房与商品房也存在密切联系。保障房体系的正式确立只是解决了保障房与商品房市场的重合，并未解决保障房土地与商品房土地市场的重合，保障房与商品房有着共同的土地供给者——地方政府，这使得地方政府在进行保障房建设时必然承担商品房市场价格上涨所带来的机会成本。所以商品房价格越是高昂的城市，保障房问题越为严峻。

（一）保障房制度的正式确立

过渡时期的城镇住房制度双轨运行并未起到预期的效果。一方面，受福利分房制度的制约，公有住房无论出售还是出租，都需要政府给予非常高的补贴，给当时已经困难的财政带来更大的压力。另一方面，由于是政府总不提高房租，导致租金相比售价总是偏高，城镇居民的购房意愿并不高。甚至由于支付房款所动用银行存款的利息超过了房租，部分城市居民在买房后又退还了已购的住房①，商品房市场也迟迟得不到发展。

双轨运行的实践表明，要解决住房问题，就需要对住房制度进行彻底的改革。但是，随着商品房市场的发展，房改成本也大幅增加，据国务院住房制度改革领导小组办公室测算，1978 年住房实物分配规模约为 46 亿元，到了 20 世纪 90 年代，这一规模变为 800 多亿元。公有住房的维修成

---

① 郭树清：《住房分配货币化的风险与抉择》，载于《经济研究》2000 年第 9 期，第 16 ~ 24 页。

本也带来较高的财政压力，国务院住房制度改革领导小组办公室在1992年的测算也显示，每年的维修费用就需要80亿元[①]。

1993年11月，中共十四届三中全会通过了《中共中央关于建立社会主义市场经济体制若干问题的决定》，明确了中国要发展社会主义市场经济。在该决定的指导下，1994年7月18日，《国务院关于深化城镇住房制度改革的决定》出台。并最终在1998年7月3日由国务院下发了《国务院关于进一步深化城镇住房制度改革加快住房建设的通知》，要求从1998年下半年开始停止住房实物分配，逐步实行住房分配货币化。中国的住房保障全面进入货币化分配时期。自此，中国把对住房的暗补翻为明补，通过大幅度地提高工资或住房津贴来补贴大幅度提高的房租[②]。

停止住房实物分配后，新建经济适用住房原则上只售不租。住房保障机制由多个层次构成。对不同收入家庭实行不同的住房供应政策。最低收入家庭租赁由政府或单位提供的廉租住房，中低收入家庭购买经济适用住房。其中，廉租住房可以从腾退的旧公有住房中调剂解决，也可以由政府或单位出资兴建，租金实行政府定价；新建的经济适用住房出售价格实行政府指导价，按保本微利原则确定。其中经济适用住房的成本包括征地和拆迁补偿费、勘察设施和前期工程费、建安工程费、住宅小区基础设施建设费（含小区非营业性配套公建费）、管理费、贷款利息和税金等7项因素，利润控制在3%以下。停止住房实物分配后，房价收入比（即本地区一套建筑面积为60平方米的经济适用住房的平均价格与双职工家庭年平均工资之比）在4倍以上，且财政、单位原有住房建设资金可转化为住房补贴的地区，可以对无房和住房面积人未达到规定标准的职工实行住房补贴。

（二）保障房体系的重新定位

保障房体系是一个演进的过程，在正式确立保障房制度之后，中国大

---

① 侯淅珉：《中国住房制度改革文件出台背后》，载于《安徽日报（农村版）》2016年1月1日，第11版。

② 郭树清：《住房分配货币化的风险与抉择》，载于《经济研究》2000年第9期，第16～24页。

陆的房地产市场经历了较长时期的快速上涨，依赖住房保障的人群迅速增加。进入21世纪之后，为满足快速增长的住房保障需要，中央政府对保障房体系的各组成部分进行了重新定位，并增加了新的住房保障内容。

1. 以经济适用房分流商品房需求

经济适用房是面向中低收入家庭的保障性住房，其中部分家庭具备一定的商品房购买能力，可以将其分流至商品房市场。因此，对经济适用房的重新定位包括三方面的内容：一是增加经济适用房的供应量，二是降低成本以降低经济适用房的价格，三是向商品房市场分流部分经济适用房的保障人群。

中央政府提出了经济适用房供应量的定性要求，以满足快速增长的经济适用房需求。2003年8月12日，《国务院关于促进房地产市场持续健康发展的通知》颁布，明确允许集资、合作建房，将其作为经济适用住房建设的组成部分，其建设标准、参加对象和优惠政策，按照经济适用住房的有关规定执行。但是不得以集资、合作建房名义，变相搞实物分房或房地产开发经营。2007年8月7日，国务院发布《国务院关于解决城市低收入家庭住房困难的若干意见》，要求改进和规范经济适用住房制度，对于经济适用住房，要求各地要根据实际情况，每年安排建设一定规模的经济适用住房。尤其是房价较高、住房结构性矛盾突出的城市，要增加经济适用住房供应。对于单位集资合作建房，只能由距离城区较远的独立工矿企业和住房困难户较多的企业，在符合城市规划前提下，经城市人民政府批准，并利用自用土地组织实施。单位集资合作建房纳入当地经济适用住房供应计划，其建设标准、供应对象、产权关系等均按照经济适用住房的有关规定执行。

经济适用房按照保本微利的原则确定价格。在商品房价格快速上涨之后，经济适用房的建设成本也在增加，弱化其住房保障功能。为此，中央政府在调控商品房市场的同时，也在控制并尽可能降低经济适用房的建设成本。在《国务院关于促进房地产市场持续健康发展的通知》中，中央政府要求加强经济适用住房的建设和管理。经济适用住房被重新定位为具有保障性质的政策性商品住房，要求通过土地划拨、减免行政事业性收费、政府承担小区外基础设施建设、控制开发贷款利率、落实税收优惠政策等措施，切实降低经济适用住房建设成本。

对于已经出售的经济适用房，政府也采用回购等方式收回，以避免新建经济适用房所需的较高成本。经济适用住房属于政策性住房，购房人拥有有限产权。购买经济适用住房不满 5 年，不得直接上市交易，购房人因各种原因确需转让经济适用住房的，由政府按照原价格并考虑折旧和物价水平等因素进行回购。购买经济适用住房满 5 年，购房人可转让经济适用住房，但应按照届时同地段普通商品住房与经济适用住房差价的一定比例向政府交纳土地收益等价款，具体交纳比例由城市人民政府确定，政府可优先回购。政府回购的经济适用住房，继续向符合条件的低收入住房困难家庭出售。

中央政府也试图分流部分住房保障需求，《国务院关于促进房地产市场持续健康发展的通知》要求对普通商品住房建设，要调控土地供应，控制土地价格，清理并逐步减少建设和消费的行政事业性收费项目，多渠道降低建设成本，努力使住房价格与大多数居民家庭的住房支付能力相适应。

2. 以城市廉租房保障住房困难家庭

廉租房是面向最低收入家庭的保障性住房。《国务院关于解决城市低收入家庭住房困难的若干意见》转变了政府住宅调控思路，首次明确提出把解决低收入家庭住房困难工作纳入政府公共服务职能，要求进一步建立健全城市廉租住房制度。城市廉租住房制度被设计为解决低收入家庭住房困难的主要途径。该意见要求，在 2007 年年底前，所有设区的城市要对符合规定住房困难条件、申请廉租住房租赁补贴的城市低保家庭基本做到应保尽保；在 2008 年年底前，所有县城要基本做到应保尽保。“十一五”期末，全国廉租住房制度保障范围要由城市最低收入住房困难家庭扩大到低收入住房困难家庭；在 2008 年年底前，要求东部地区和其他有条件的地区将保障范围扩大到低收入住房困难家庭。

城市廉租住房保障实行货币补贴和实物配租等方式相结合，主要通过发放租赁补贴，增强低收入家庭在市场上承租住房的能力。为保证廉租房的供给并避免形成城市贫民区，中央政府要求廉租房和经济适用房、商品房配套建设。廉租住房采取政府新建、收购、改建以及鼓励社会捐赠等方式增加供应，主要在经济适用住房以及普通商品住房小区中配建，并在用地规划和土地出让条件中明确规定建成后由政府收回或回购，或是相对集中建设。单位集资建房中，在优先满足本单位住房困难职工购买基础上房源仍有多余的，由城市人民政府统一向符合经济适用住房购买条件的家庭出售，或以成本价收购后用作廉租住房。

3. 以棚户区改造带动老工业区转型

棚户区指城市中质量差、年限久、基础设施配套不齐全、居住条件落后的成片城市住宅区，以国有工矿中较落后的住宅区为主。从《国务院办公厅关于促进房地产市场健康发展的若干意见》制定的政策目标来看，主要包括城市低收入家庭居住的危旧房、筒子楼，以及国有林区、垦区、中西部地区中央下放地方煤矿的棚户区和采煤沉陷区的住宅。

棚户区改造并非全新的住房保障项目，包括新中国成立初期对旧社会遗留的窝棚式棚户区改造，以及城市建设开发过程中为获得建设用地而进行的旧城区与棚户区改造①。但是，作为中央政府的政策重点并在全国范围内大规模推行是在 2007 年之后。随着老工业城市，尤其是资源型城市的资源枯竭问题日益严重，产业工人收入相对下降，住房保障问题日益突出。为改善老旧工业城市产业工人的住房条件，中央政府将这些城市的棚户区改造提上日程并加速推进。随后，大中城市老旧住宅改造工作也加入棚户区改造。2007 年，《国务院关于解决城市低收入家庭住房困难的若干意见》提出加快集中成片棚户区改造的要求。具体而言，一是要求妥善解决困难住户的住房，明显改善住房质量、小区环境和配套设施，并将困难家庭的负担控制在合理水平。二是对可整治的旧住宅区力戒大拆大建，而是积极进行房屋维修养护、配套设施完善、环境整治和建筑节能改造。2009 年，中华人民共和国住房和城乡建设部等五部委联合发布《关于推进城市和国有工矿棚户区改造工作的指导意见》，提出多渠道筹集资金、加大税费政策支持力度、落实土地供应政策、完善安置补偿政策等政策措施。2016 年，在中央政府工作报告中，进一步将“完成约 1 亿人居住的棚户区和城中村改造”作为《国民经济和社会发展第十三个五年规划纲要

① 张道航：《棚户区与棚户区改造问题研究》，载于《北方经济》2010 年第 3 期，第 21 ~ 25 页。

（草案）》的工作目标之一①。

4. 以农民工住房保障适配二元经济

中国仍是发展中国家，二元经济现象仍长期存在，这就决定了农民工会成为持续存在的大规模群体，并且始终游走于城市与农村之间。从农村到城市打工的农民工群体产生越来越高的住房保障需求。这部分人群居住相对集中，但通常并非永久居住，其住房保障的特点与其他人群有较大区别。为此，《国务院关于解决城市低收入家庭住房困难的若干意见》将这一群体的住房保障问题单独提出，要求多渠道改善农民工居住条件，尤其是用工单位要向农民工提供符合基本卫生和安全条件的居住场所。具体而言，在农民工集中的开发区和工业园区，应按照集约用地的原则，集中建设向农民工出租的集体宿舍，但不得按商品住房出售；在城中村改造时，要考虑农民工的居住需要，在符合城市规划和土地利用总体规划的前提下，集中建设向农民工出租的集体宿舍。同时要求有条件的地方，可比照经济适用住房建设的相关优惠政策，政府引导，市场运作，建设符合农民工特点的住房，以农民工可承受的合理租金向农民工出租。

（三）保障房体系的复杂化

由于存在多个相互区别的住房保障群体，以及并行推进的住房保障模式，我国的住房保障体系变得日益复杂。截至 2015 年年末，我国的保障性住房已经包括多个类别，既包括实物保障，又包括货币保障，还包括通过土地渠道间接提供的保障和房屋渠道直接提供的保障，如表 1 -5 所示。

表 1 -5　　保障性住房的类别

类别	保障对象	保障方式	产权	面积	土地供给
廉租房	城市低收入住房困难家庭	货币补贴或实物配租	无产权	$50m^2$ 以内	划拨
公租房	城市中等偏下收入住房困难家庭	实物	无产权	$60m^2$ 以内	划拨或出让

① 《李克强作政府工作报告（文字实录）》，中华人民共和国中央人民政府网站，2016 年 3 月 5 日，http：//www. gov. cn/guowuyuan/2016 -03/05/content_5049372. htm。2016 年 3 月 10 日登录。

续表

类别	保障对象	保障方式	产权	面积	土地供给
经济适用房	城市中低收入住房困难家庭	实物	有限产权	$60m^2$ 以内	划拨
限价房	城市中等收入住房困难家庭	实物	有限产权	$90m^2$ 以内	招拍挂出让
棚改房	拆迁对象	实物或货币补偿	全部产权	不等	招拍挂出让
共建房	有保障资格的人集资，政府出地	土地	有限产权	—	划拨
限价商品房	城市中低收入住房困难家庭	实物	有限产权	—	划拨
货币直补	城市中低收入住房困难家庭	货币补贴	—	—	—
解困定销房	住房困难家庭	实物	有限产权	—	划拨

资料来源：张冬梅、葛励闻：《“十二五”期间我国保障性住房建设进展与思考》，载于《经济纵横》2015 年第 3 期。郭玉坤：《中国城镇住房保障制度研究》，西南财经大学博士学位论文，2006 年。

但是，在复杂的住房保障体系中，“出租”的模式已经逐渐取代“出售”模式，成为住房保障的主流。在 2015 年，我国已经不再扩大经济适用房保障范围，而是大力发展公共租赁房。住房保障模式由过去的“以售为主”转向“以租为主”，公租房将在住房保障体系中处于更加突出和重要的位置。

二、住房保障的融资模式：财政与金融的综合体系

保障房的建设资金分为财政和金融两部分。由于中央政府大力倡导多渠道筹集资金，所以以财政投融资为核心财政金融综合融资逐渐成为货币化分配时期的主流住房保障融资模式。

（一）财政金融渠道的综合模式

在保障房建设的资金中，来自财政预算的资金一般不需要偿还，而来自财政投融资渠道和金融机构的资金需要偿还。偿还资金主要是保障房的

租金与售价。租金来源为职工工资、财政补贴等渠道，售价来源则主要包括职工工资，住房公积金，个人住房贷款，以及部分地区由财政、单位原有住房建设资金转化的住房补贴等。在金融机构的信贷支持中，以保障房建设为重点支持对象。由于我国正处于房地产市场的高涨期，需要控制投机需求，所以我国对住房抵押贷款采取较为严格的控制措施，虽然也有住房补贴等政府补贴形式，但是政府支持的重点是保障房建设而非中低收入人群的租房与购房能力。2011 年之后，随着各级政府对保障房建设的重视，保障房建设融资体系初步建立。总的来看，各地区均采用“中央财政投入 + 地方配套资金 + 土地出让金 + 公积金贷款及其收益 + 融资平台或企业发行债券”的模式。在这一模式下，地方政府融资平台转型为保障房建设融资平台，专项用于保障房建设的私募债券与私募基金也迅速发展起来。

（二）财政逐渐向“租住房”倾斜

与经济适用房相比，廉租房的租金收入有限，更依赖于财政资金。2003 年，《国务院关于促进房地产市场持续健康发展的通知》要求建立和完善廉租住房制度。对于廉租住房的建设，以财政预算资金为主，多渠道筹措资金，形成稳定规范的住房保障资金来源。要结合当地财政承受能力和居民住房的实际情况，合理确定保障水平。最低收入家庭住房保障原则上以发放租赁补贴为主，实物配租和租金核减为辅。2007 年，《国务院关于解决城市低收入家庭住房困难的若干意见》进一步规定了廉租住房保障的资金来源，地方各级人民政府要根据廉租住房工作的年度计划，切实落实廉租住房保障资金：一是地方财政要将廉租住房保障资金纳入年度预算安排。二是住房公积金增值收益在提取贷款风险准备金和管理费用之后全部用于廉租住房建设。三是土地出让净收益用于廉租住房保障资金的比例不得低于 10%，各地还可根据实际情况进一步适当提高比例。四是廉租住房租金收入实行收支两条线管理，专项用于廉租住房的维护和管理。对中西部财政困难地区，通过中央预算内投资补助和中央财政廉租住房保障专项补助资金等方式给予支持。

第二章

各国住房保障实现模式及融资模式

各国的住房保障及其融资模式中通常同时涉及供给方和需求方，并且对需求端的融资激励措施渐成主流。就狭义的保障房建设融资而言，需求端的融资激励措施并不包含在内。但是，从广义的保障房建设融资来看，需求端的融资激励措施使得用于住房保障的住宅建设能有充足的还款能力，从而将私人资金吸引到保障房建设之中，所以，需求端的融资激励措施也属于保障房建设融资的范围。在住房保障建设融资中，无论是供给端还是需求端，最重要的是各级财政职责的定位与从私人部门进行融资的机制。对此，我国常借鉴的国家包括美洲的美国、欧洲的德国，以及亚洲的日本。本书也主要分析这三个国家在保障房建设融资方面的经验与教训。

第一节　美国的住房保障实现模式与融资机制

美国的住房保障也由许多项目组合而成，包括对贫民窟的清理和改造、军用的福利性住房、为贫困老年人提供的住房等。这些住房保障项目既构成了社会保障与福利的重要组成部分，又通过住房建设及相关行业影响着美国的经济发展。在罗斯福新政之后，政府对经济的干预程度增强，社会福利也得到更多的关注，住房保障政策也密集发布。总的来看，美国住房保障项目与其他社会保障领域相似，呈现出名目繁多的特征，但是进入21世纪之后，供给端的住房保障已经逐渐弱化，需求端的住房保障逐渐增强。

一、住房保障实现模式：市场机制的补充与促进者

在美国的住房保障模式之中，市场机制具有极其重要的地位。突出的表现，是供给端的保障房建设被限制在尽可能小的范围之内，对房租与房价的管制措施也极少采用。总体来看，美国最具有特色且被其他国家借鉴的住房保障制度，主要是需求端及种类繁多的政策性住房贷款。

（一）供给端的住房保障模式

美国在供给端的住房保障主要是兴建各类保障性住房和临时性的价格管制。这些保障房建设项目有时是以单独的法案、决议等形式单独颁布，有时则是与其他住房保障项目形成一揽子法案。美国的保障房覆盖人群并不广泛，集中在购房能力极低的低收入人群和国防体系，典型的项目是清理贫民窟与各类军用及退伍军人住房。相对而言，对价格的直接干预较少，仅在战争时期出现。

1. 军工与国防的保障房项目

通常认为，美国的保障房建设始于1918年，根据第65届国会授权，美国商船局为船坞雇员提供住房。随后美国国会授权和拨款为军工提供住房。1918～1919年间，启动了“船坞雇员住房资助案”和“战时工人住房资助项目”，两项住房计划总共建了1.6万套保障住房，为约9.5万的战时军工工人提供了住所。1921年6月6日，在美国国家标准局内建立建筑和住房处，第67届美国国会授权向其提供资金。但是从保障房建设的主体来看，仍以军人和军工的保障房项目为主。

美国的军用保障房建设与两次世界大战和冷战关系密切，正是两次世界大战和冷战刺激了美国的军事膨胀，由此带来庞大的军用保障房需求，而美国联邦政府通过一系列的政府支出项目来满足庞大的军用保障房需求。

最重要的军用保障房刺激因素是战争带来的服役军人和军工保障房需

求。美国提供5项战时住房保险项目，分别是：销售住房、军工工程抵押、活动住房、政府住房、大规模独户家庭住房①。1940年美国国会通过决议，修正1937年的合众国住房法修正案，允许为国防和军工住房提供贷款和创造必要条件。1940年10月14日，美国国会通过《1940年全国国防住宅法》（The National Defense Housing Act of 1940），即拉纳姆法（Lanham Act），授权陆军和海军部及住房机构合作为服役军人和军工提供所在地区的公共住房。1940年10月17日，通过士兵和海员权利法，为他们的抵押和债务提供救济。1941年1月11日，根据罗斯福总统的8632号行政命令，建立国防住房协调署。1941年3月28日，美国国会通过全国国防住宅法修正案，为国防急需地区的新住房的建设者提供更为优厚的抵押保险。1942年3月27日，美国国会通过第二次大战权力法（The Second War Powers Act），授权总统实施战时住房优先制度。1945年6月，美国国会通过关于国防住房社区设备的《1940年拉纳姆法》的修正案，授权5.3亿美元在国防地区建造医院、学校和其他设施。在之后的许多年度中，美国国会都通过专门的军用住房法案或者住房修正案来制定或扩大国防和军用住房计划。

另一个军用保障房刺激因素是庞大军队带来的退伍军人住房需求。战后大量的复员军人带来住房保障危机，促使美国政府为其提供价格低廉的住房。1944年6月22日，根据士兵权利法，授权为退伍军人提供住房贷款的担保，规定“由联邦政府担保退伍军人用以购买或建造家宅、农场和开办企业用房地产的某些贷款的一半以下的金额”。1945年，美国国会通过《退伍军人临时住房法》（Temporary Veterans Housing），7月3日颁布《1940年拉纳姆法》的修正案，关于国防住房社区设备授权由5亿美元增加到5.3亿美元，用于在国防地区建造医院、学校和其他设施。1945年12月，决定拨款1.6亿美元为退伍军人修建临时住房。12月28日颁布1944年士兵权利议案的修正案，将抵押担保金由2000美元提高到4000美元。1946年5月22日，美国政府颁发两年内为退伍军人建270万套住房的命令。1947年1月，美国总统杜鲁门在《总统经济报告》中提出投资

① 黄安年：《美国政府的住房福利保障政策——从罗斯福新政到约翰逊“伟大社会”时期》，载于《山东师大学报（社会科学版）》1998年第4期，第34～39页。

近60亿美元，以在1947年建筑100多万套住房，解决居住条件恶劣的以及退伍军人住房的需求。1947年，美国国会决定拨款3350万美元，以完成20万套退伍军人临时住房。1947年8月5日，美国国会通过增加对联邦拥有的永久性战时住房的抵押保险的决议。

但是，随着“冷战”的结束，美国的军用保障房建设逐渐弱化。目前的退伍军人住房保障已经主要采取需求端补助的方式，并以《“9·11”后美国士兵权利法案》（Post - 9/11 GI Bill）形式固定下来。

2. 清理贫民窟的保障房项目

当贫困人口集聚在较差居住条件的城市贫民窟时，住房保障问题就不仅仅是经济问题，还是社会与政治问题。这些城市贫民窟可能自然滋生在城市中公共服务较差、级差地租较低的地区，也可能由于政府将保障性住房集中建设而造成低收入人群过度聚集。

因此，美国供给端住房保障中的主要项目之一便是消除城市贫民窟，包括贫民窟改造计划、低租金公共租房计划、城市更新计划、城市再开发计划、HOPE Ⅵ计划均致力于解决城市贫民聚集的问题。消除城市贫民窟的运动最初由民间发起，其思想可上溯到埃比尼泽·霍华德（Ebenezer Howard）的田园城市（Garden Cities）理论，目标为建立“无贫民窟无烟尘的城市群”①。20世纪初，随着美国经济的快速发展，城市规模迅速膨胀，城市住房拥挤、公共卫生和环境质量下降、贫民窟问题等日趋严重。为改善由之产生的种种社会问题，民间团体率先向低收入群体提供住房保障。

联邦政府很快接受了消除城市贫民窟运动的责任。1892年7月20日，第2届国会通过决议，拨款2万美元调查20万以上人口城市的贫民窟情况。1906年，美国田园城市协会（Garden City Association of America）成立，这是美国民间团体首次尝试解决住房保障问题。1923年，美国区域规划协会（Regional Planning Association of America）成立，在1923～1933年的10年间，美国区域规划协会规划设计了多个田园城市，将建筑和销售

① 李娟：《理想与现实的悖论——美国郊区新镇研究（1960s～1980s）》，东北师范大学博士论文，2013年。

住房当做一种实验，以尽可能低的价格建造好的住房，并进行出租和出售[①]。

由于城市贫民窟的居住者为低收入人群，难以提高其购房能力，所以对城市贫民窟的清理主要是从供给端入手，采取兴建保障性住房的方式。1933 年开始实施的“罗斯福新政”使政府承担了更多的住房保障责任，先后敦促美国国会颁布了《1933 年房主贷款法》《1934 年住房法》等干预住房问题的法律。受此推动，美国联邦政府推出绿带城镇计划，加速向城市郊区疏散人口和产业，以分散城市中心的贫民窟。1933 年 6 月 16 日，美国国会通过全国工业复兴法，授权使用联邦资金解决低费用住房、清理贫民窟住房和生存房基地。据此有 50 个低房租公共住房工程，包括在 37 个城市的 21600 套住房和 15000 套提供解决重新迁居工程和城市绿化带。绿带城镇计划被称为联邦政府在解决公共住房方面“最大胆、最具创造性、最雄心勃勃的计划”[②]，其全部进程，包括选址、买地、规划、资金、建造和管理等都由联邦政府主导[③]。1935 年 4 月，美国联邦政府根据紧急救济拨款法，为公共工程工人提供价值 415 亿美元的住房建设费。同时成立再安置局（Resettlement Administration）。其中，郊区再安置处（Suburban Resettlement Division）为新设机构，专门负责绿带城镇计划的执行。1935 年 9 月，美国国会通过《紧急救济拨款法》（Emergency Relief Appropriation Act of 1935），允许总统全权决定项目的审批、执行机构的选择和有关监督条例的制定等[④]。1937 年 9 月 1 日通过的第一个合众国住房法（The United States Housing Act），通称瓦格纳—斯蒂高尔法，建立美国住房署，规定为低收入家庭修建公共住房制定长远计划，为地方住房机构的低房租工程和清理贫民窟工程提供贷款。要求每建造一栋公共住宅，就得清除一栋不合标准的住房。到 1938 年，计划建设的 3 座绿带城镇基本上都完成了第一阶段的主要任务。

---

①④　李娟：《理想与现实的悖论——美国郊区新镇研究（1960s～1980s）》，东北师范大学博士论文，2013 年。

②　Irving Lewis Allen. New Towns and the Suburban Dream：Ideology and Utopia in Planning and Development，P. 97.

③　Hugh Mield，Jr.. Federally Assisted New Communities：new dimensions in urban development，A ULI Landmark Report，Washington，D. C：the Urban Land Institute，1973，P. 12.

随着凯恩斯主义兴起，人们对政府干预赋予了更高的期望，美国政府承担了更大的低收入群体住房保障责任。1948 年 2 月 23 日，美国总统杜鲁门发表《关于房租控制与长期的住房致国会的咨文》强调“国家有责任保证向我国全体人民提供像样的住房。我们应以低收入家庭支付得起的租金提供简单适宜的住房”。咨文提出：五项立法要求房租控制；更多地建造住房，着重提供出租住房；降低建筑成本；向最低收入家庭提供低房租住宅；城市的恢复发展①。在 1949 年通过的《1949 年住房法》具有特别重要的地位，给出了全面的联邦住房保障政策。对于贫民窟清理和社区发展及重建，提出在 5 年内拨款 5 亿美元并贷款 1 亿美元的实施计划。对于低房租的公共住房，要求每年至少由联邦政府支出 3.08 亿美元，以在 6 年内为低收入家庭提供 81 万套住房。杜鲁门称之为“联邦政府第一次采取有效手段来援助城市清理贫民窟并开创政府帮助农民改善农村住宅的计划”。由此，住房和社区发展规划联系起来，成为广义社会保障项目的组成部分②。1952 年 9 月 12 日，美国总统签署建立政府房屋政策和计划顾问委员会的行政命令，以协助社区解决贫困窟的扩展问题作为主要任务之一。1961 年 3 月 9 日，肯尼迪在《致国会的住房和城镇发展计划咨文》中提出要保护美国家庭不受阴暗和贫民窟的侵害。1961 年通过的《1961 年综合住房法》提出，增加 20 亿美元拨款用于都市改建和重建，以及为低房租的公共住房另增约 10 万套住房。1968 年 8 月，约翰逊政府通过《1968 年住房和城市发展法》，要求在之后 10 年内为每个美国家庭提供良好的住房。在保障房建设方面，要求在之后 10 年内继续完成 2600 万套住房的建造和修缮，其中 600 万套是面向中低收入家庭。同时，授权 53 亿美元，要求在之后 3 年中为低收入家庭建设和修复 170 万套新住房，使 100 万户低收入家庭获得房屋所有权。

1970 年之后，美国联邦政府主导的公有保障房建设项目逐渐退出，但

---

① 转引自黄安年：《美国政府的住房福利保障政策——从罗斯福新政到约翰逊“伟大社会”时期》，载于《山东师大学报（社会科学版）》1998 年第 4 期，第 34 ~ 39 页。原注为《杜鲁门的纲领：总统演说和咨文选集》，1949 年英文版。载黄安年主编：《当代世界史资料选辑》第 2 分册，首都师范大学出版社，1996 年。

② Congress and the Nation. 1945 – 1964, A Review of Government and Politics, ‘Housing’, pp. 478 – 480. Congressional Quarterly Inc. 1965.

是与军用保障房不同，对贫民窟的治理始终以供给端的保障房建设为主，如 HOPE Ⅵ计划等贫民窟改造项目一直延续下来。但是，面向贫民窟的保障房建设不仅仅是改善低收入人群的住房条件，而是改变低收入人群聚集的不利局面。所以，贫民窟改造项目一方面在贫民窟改造项目中致力于改变贫民窟住宅的物理形态，另一方面鼓励高收入人群加入改造后的新社区，其住宅建设标准也是相对较高的，包括公寓和联排别墅等较高层次的住宅类型。

3. 鼓励私人资本供给保障房

进入 20 世纪 80 年代之后，美国更加注重鼓励私人资本向被保障人群供给保障房。其保障的对象仍主要是军人和低收入群体，主要的方式则是以融资、建设上的优惠换取房产商的低价住宅，如以抵押贷款担保、容积率奖励等方式鼓励私人房产商向中低收入阶层提供低价住房，或是由免税债券资助的出租房必须包括一定比例的低收入单元。由于在 HOPE Ⅵ计划等贫民窟改造项目中需要在改造后的社区建设多层次的住房，以形成不同收入阶层混居的社区，所以这些项目的建设格外注重鼓励私人资本的参与。

除补贴之外，对私人资本的鼓励方式还包括税收减免。1986 年，美国颁布《税收改革法》，设立低收入家庭购房税收抵免计划（LIHTC），以支持廉租房建设。这一税收抵免适用于联邦所得税，但是州政府和企业可以通过调整其建设规划来适应这一税收减免计划，以符合联邦政府的一般性廉租房建设指导方针。申请家庭购房税收抵免计划的房产商必须接受房租的限制和合格租住者的收入限制。其中，房租限制是指廉租房租金必须低于当月收入的 30%，收入限制是指廉租房项目的受众必须满足 20～50 要求或者 40～60 要求①。1990 年之后，这一税收减免方式得到广泛的应用。目前，税收抵免已经成为美国廉租房建设与改造的主要激励手段，近 90% 的廉租房是通过税收抵免政策来引入私人资本所建。

---

① 所谓 20～50 要求，指开发项目房屋的 20% 必须供应给人均收入等于或者低于当地平均收入水平 50% 的人群（收入经过家庭人数调整）。与之相似，40～60 标准指开发项目房屋的 40% 必须供应给人均收入等于或者低于当地平均收入水平 60% 的人群（收入经过家庭人数调整）。

4. 特殊时期的住宅价格管制

美国对市场价格的直接干预很少，只是在战争时期对短暂出现。如在第二次世界大战期间，出于控制通货膨胀的需要，美国国会通过《1942年价格紧急控制法》（The Emergency Price Control Act of 1942），在授权政府控制商品价格的同时，也授权政府控制房租。根据该法案，房屋出租方需要向管理机构提供房租及相关信息，并接受房租管制①。虽然也是出于住房保障的目的，但是价格管制措施的保障人群范围较广，并不局限于军人和低收入人群，而是面向整个住房市场的供给方。

（二）需求端的住房保障模式

美国在需求端的住房保障由财政补贴和政策性住房贷款构成。其中，政策性住房贷款与保险最富有特色，并被许多国家所借鉴。

1. 财政补贴和税收减免

在美国的住房保障体系中，包含着种类繁多的住房补贴。其中，间接补贴面向房产商，属于供给端，如 HOPE Ⅵ计划中鼓励私人房产商提供低价住宅的各类补贴；直接补贴面向被保障人群，属于需求端，如《1965 年城市住房发展法》规定的房租补贴、利息补贴，以及妇女、婴儿和儿童住房补贴（WIC），以及《“9·11”后美国士兵权利法案》中的住房补贴等。

对被保障人群的直接补贴包括房租补贴和房价补贴。房租补贴包括房租援助计划、补贴住房建设计划之 236 条款房、租金证明计划、租金优惠券计划、住房选择优惠券计划等，房价补贴则与购房贷款相结合，包括 FHA 抵押担保计划、VA 退伍军人住房贷款担保计划、补贴住房建设计划之 235 条款房（自置居所计划）、美国梦首期付款计划等。

需求端的税收减免不局限于被保障人群，而是购房者普遍享受的。直接的需求端税收减免主要是个人所得税减免，即在联邦所得税中将当年支付的抵押贷款利息②和为基本住房缴纳的房地产税作为费用项，从应纳税

① David Ginsburg. The Emergency Price Control Act of 1942: Basic Authority and Sanctions, Law and Contemporary Problems, Vol. 9, No. 1, The Emergency Price Control Act (Winter, 1942), pp. 22 – 59.

② 基本住房和价值不超过 100 万美元的第二套住房的住房抵押贷款利息。

所得中减除。间接的需求端税收减免主要是降低价格中被转嫁的税负。个人所得税方面，联邦政府根据 1997 年《纳税者负担减轻法案》，允许出售基本住房①的部分获益免缴联邦资本所得税，各州政府对特定抵押贷款收益债券②利息免征所得税；住房交易税方面，许多州实行低的住房交易税率甚至不征收房地产交易税③。通过降低售房者和贷款者的税负，向购房者转嫁的税负同步下降。

2. 政策性住房贷款与保险

在 1929 年经济危机之后，美国开始设立各类政策性住房贷款、保险担保项目。由于中低收入人群还款能力有限，违约风险较高，所以必然需要政府以贷款保险形式提供的担保。1938 年 2 月 3 日，美国国会通过国民住房法修正案（The National Housing Act Amendments of 1938），为私人公司的租房工程和农民住房提供抵押贷款保险。贷款与保险的期限迅速加长，1939 年 8 月 11 日，通过 1933 年房主贷款法的修正案，允许将由房主贷款法授权的房屋贷款期限由 15 年延长到 25 年，贷款保险的期限也随之延长。

政府担保通常由特定的政府部门或政府授权机构提供，如联邦住房管理局（Federal Housing Authority，FHA）、退伍军人事务部（U. S. Department of Veterans Affairs，VA）、吉利美（GNMA）、房利美（FNMA）、房地美（Freddie Mac）等，如表 2－1 所示。

表 2－1 美国联邦级次政策性住房贷款与保险机构

住房贷款支持机构	职能
联邦住宅贷款银行（HL-Banks）	为政策性金融机构，其中的保障房项目为其参加中低收入家庭的住房建设和改造的会员（银行和储蓄机构）提供补贴贷款
房主贷款公司	1933 年成立，仅存在 3 年。由联邦房主贷款银行管理委员会领导。旨在帮助未能收回抵押贷款的信贷机构，救济抵押房产不能偿付赎金的房产主

① 需在过去 5 年内居住满 2 年（可以是不连续的）。

② 这些抵押贷款收益债券筹集的资金专项用于向首次购房的中低收入家庭所购买的低价住房提供低息抵押贷款。

③ 胡琳琳：《美国住房税收政策及对我国的启示》，载于《中国市场》2013 年第 32 期，第 27～28 页。

续表

<table>
<tr><th colspan="2">住房贷款支持机构</th><th>职能</th></tr>
<tr><td colspan="2">退伍军人事务部（VA）</td><td>向退伍军人住房贷款担保</td></tr>
<tr><td colspan="2">美国农业部（USDA）</td><td>为佃农、劳工，及分成制农民提供为期40年的年息3%的购房贷款</td></tr>
<tr><td rowspan="3">住宅资产经理处（HHFA）</td><td>联邦住宅管理局（FHA）</td><td>向中低收家庭提供购房贷款信用保险</td></tr>
<tr><td>公共房产管理局（PHA）</td><td>公共住房的建设与管理</td></tr>
<tr><td>联邦住房贷款银行委员会（FHLBB）</td><td>监管机构，监督联邦家庭贷款银行，2008年后，其监督职能归属于联邦住房金融局（FHFB）</td></tr>
<tr><td colspan="2">吉利美（Ginnie Mae）</td><td>提供MBS偿付担保，但是仅专门面向由联邦住宅管理局、退伍军人事务部等机构担保的特殊住宅按揭贷款</td></tr>
<tr><td colspan="2">房利美（Fannie Mae）</td><td rowspan="2">主要从事住房抵押贷款资产证券化业务，向提供房屋贷款的金融机构提供稳定的融资</td></tr>
<tr><td colspan="2">房地美（Freddie Mac）</td></tr>
</table>

资料来源：根据美国各住房贷款支持机构网站资料整理。

政策性住房贷款与保险的规模与范围不断扩张。1947年12月12日和15日，美国国会参议院和众议院相继通过决议，将联邦住宅管理局的抵押保险额度提高到49.5亿美元。1950年4月20日，《1950年住房法》（Housing Act of 1950）经美国总统签署生效，联邦住宅管理局得到更多的授权。1950年6月27日，美国国会颁布HR6743PL81－576决议，修正联邦家庭贷款银行法和国民住房法，增加对储贷行业的保险保护。《1961年综合住房法》进一步扩张了政策性住房贷款与保险的规模与范围：一是中低收入家庭，要求为中低收入家庭的房租和合住房屋提供长期低息贷款和保险；二是老年群体，要求为老年人的住房提供低利贷款的直接授权，老年和公共住房的贷款基金从1959年的5000万美元扩大到1.25亿美元；三是农业群体，扩大农场主住房管理署的保险计划；四是增加贷款与保险年限，为中低收入家庭提供为期40年的住房贷款，为学院提供的为期50年的低息贷款由16.57亿美元增加到28.75亿美元，并授权联邦住房署着手改进长期住房保险和恢复贷款。在之后历次的住房法修订中，政策性住房贷款与保险的规模与范围的扩张成为基本趋势。

政策性住房贷款的利率不断下降。1961 年 2 月 2 日，美国总统肯尼迪向国会提交经济复苏和增长咨文，建议立法宣布“对于联邦住房管理局所保证的贷款，利率应减少到可以允许的最低限度，同时对于城镇公用事业局发放的贷款，也应实行低利率；要加速住房建筑与房屋财政署各项计划的开始执行和完成；并且促使普遍降低抵押贷款利率”①。1968 年 8 月，约翰逊政府通过《1968 年住房和城市发展法》，将住房抵押贷款利息降低到 1%，联邦资助的最高限额是补足受益家庭支付抵押贷款利率 10% 以外的差额，从而使年收入在 3000 美元～6500 美元有资格受益家庭的购置房屋费用大为削减②。

从 20 世纪 70 年代到 2008 年，美国的政策性住房贷款与保险不断扩张，次级抵押贷款支持证券市场的迅速崛起，更是促进了政策性住房贷款与保险的发展。但是，次级抵押贷款支持证券市场的崛起主要惠及中等收入和高收入家庭，低收入家庭的受益仍然有限。从 1997～2008 年，低收入家庭拥有的自主产权住宅量则始终处于下降趋势。高收入家庭则与低收入家庭形成鲜明对照，其拥有的自主产权住宅量始终快速增长。

2008 年，美国次贷危机爆发。美国联邦政府采取一系列的应对措施，使原来不在联邦住宅管理局优惠政策之内的中低收入者和首次购房家庭能够获得联邦住宅管理局提供的住宅抵押贷款保险。之后，美国政府开始改革住房金融机构，并收缩政策性住房贷款与保险的范围。2011 年 2 月 11 日，美国政府公布名为《改革美国住宅金融市场》的住宅金融体系改革方案报告，将全面私营化是美国住宅金融市场的未来发展方向，政府在住房金融中的角色将局限在特定的住房保障人群。就政策性住房贷款与保险而言，一是减少政府对住宅信贷的支持，使联邦住宅管理局回归传统角色，其成为低廉房地产抵押贷款的特定借款人，二是对特定房屋所有权与廉租房的定向基金进行支持。

---

① 约翰·肯尼迪著，约翰·加德纳编，沙地译：《扭转颓势》，三联书店 1976 年版，第 84～85 页。

② 刘丽：《二十世纪五十至七十年代联邦政府与美国城市更新》，西北师范大学硕士学位论文，2011 年。

二、住房保障融资机制：高度依赖住房金融市场

美国的住房保障融资注重将民间资金引入住房保障体系。住房保障项目的收益有限，为调动民间资金的积极性，美国基于其发达的金融与财税体系，采取了抵押贷款工具、利率补贴、政府补助、保险担保、税收减免等多项财政金融工具。

（一）供给方融资模式：拨款与减税

1. 财政直接拨款

美国早期的住房保障以建设保障性住房为主，并且住房保障被视为政府的职责，并未大规模引入私人资本。所以，当时的融资模式以单一的财政直接拨款为主。如为实现绿带城镇计划，美国国会通过《紧急救济拨款法》（Emergency Relief Appropriation Act of 1935），规定在建造住房、铺设公路、街道和高速路等活动中提供约 50 亿美元拨款，其中近 4.5 亿美元专门用于住房建造[①]。目前，美国联邦级次仍有对保障房的直接拨款项目，但是其规模已经远小于担保、补贴与税收减免等间接措施。

相对而言，美国中央政府更注重对地方政府完成住房保障职能的融资激励，如联邦政府住房赠款。这一模式是通过向地方政府的专项转移支付，使地方政府将更多的财政资金投入到住房保障领域。在住房赠款的 HOME 计划中，美国住房城市发展部（HUD）向州发放住房补贴，双方的出资配比为 3∶1，即州政府每出资 25 万美元，即可从住房城市发展部获得 75 万美元的住房赠款。

2. 享受补贴与税收减免的信托基金

（1）州属住房信托基金。住房信托基金是由州政府设立，以证券形式向特定投资者发行，由专门投资机构进行房地产投资经营管理，并将投资综合收益按比例分配给投资者的一种信托基金。这一融资方式首次出现于 1960 年，是美国国会为使中小投资者可以参与投资于大项目而同意创设。

① 李娟：《理想与现实的悖论——美国郊区新镇研究（1960s～1980s）》，东北师范大学博士论文，2013 年。

但是，当时房地产合伙企业在税收方面的享有许多优惠，对信托基金造成强烈的竞争。1986 年税法改革之后，美国联邦政府废除了房地产合伙企业在税收方面的许多优惠政策，房地产信托基金则可免征所得税和资本利得税而且获得自主经营权，加之 1990 年低迷的房地产市场，工业发展停滞，出于对未来经济的美好预期，房地产信托基金成为很好的投资选择。

从 1993 年开始，州属信托基金在保障房融资中的大量应用。州属信托基金的资金来源有四个渠道：一是房产收益①，二是贷款偿还，三是政府经费，四是其他收益②。基金用于三方面：一是解决当地最迫切的住房需求问题；二是为保障房租住等提供融资；三是与其他保障房政策配合使用，例如税收抵免政策、HOME 计划等。

（2）税收减免计划。如前所述，美国鼓励私人资本参与保障房建设，并以财政补贴和税收减免方式进行鼓励，这就塑造了美国向私人部门融资并进行保障房建设的特有模式，以税收抵免模式最为典型。为促进廉租房的建造和改造，美国政府根据《1986 年税法改革法案》制定税收抵免政策。目前，税收返还已经成为廉租房建设与改造的主要融资手段，近 90% 的廉租房是通过税收抵免政策支持来建设的。项目的住宅类型涵盖了公寓、单户住宅、套楼公寓（两户合住的房子）和联排房屋③。

私人资本要实现必要的利润率，对于价格与租金较低的保障房而言，只能降低其建设与开发成本。在建设与开发成本中，税收占有较高的比重，所以减税可以增加私人资本进行保障房建设的意愿，而关键则在于是减税的幅度处于适当位置，以避免扭曲正常的住房市场资源配置。

以低收入家庭购房税收抵免计划（LIHTC）为例。该税收抵免计划旨在鼓励私人资本参与廉租房建设，尤其是新建廉租房。为此，将税收抵免政策分为两档。第一档面向没有联邦补贴政策④的改建房和新建房项目，允许房产商在 10 年中每年从税收中抵免项目的合格费用（开发费用）中

① 包括第三方基金保管的房屋买卖者所付资金的利息、房产转移费和房产税。

② 包括无人认领房产、免税债券盈余，以及自愿税收抵免。

③ 张钧翔、王升：《我国保障房建设的借鉴——美国“低收入家庭住房建设的税收抵免计划”运行经验》，载于《经济与管理》，2015 年第 4 期，第 22 ~ 25 页。

④ “联邦补贴”的含义指获得低于市场利率或者利息免征联邦收入税的贷款，以及将联邦贷款直接或间接用于建筑或项目的运营。

的9%，不考虑项目的时间价值，共返还项目开发费用的90%，即使考虑时间价值，按照5%左右的收益率计算，也相当于返还了开发费用的70%作用。次贷危机之后，美国利率水平持续保持在非常低的水平，考虑时间价值时的开发费用返还比率会更接近于开发费用的90%。第二档面向享有联邦补贴政策的改建房和新建房项目，允许房产商在十年中每年从税收入抵免项目的合格费用（开发费用）中的4%。这一档税收优惠的申请条件更加宽松，考虑到申请这一档税收优惠的项目可以发行免联邦税的免税债券或是其他联邦政府补贴，所以项目享受的总税收优惠与补贴力度可能并不低于9%优惠档的税收优惠政策。除此之外，对于廉租房需求旺盛但建筑困难的地区，经州住房金融局评估之后，税收受抵免的额度可提高到开发成本的130%（不包括土地购买价格）。

家庭购房税收抵免计划（LIHTC）需要联邦政府、州政府和房产商共同运作，其运作流程如图2－1所示。首先，由国会通过联邦政府的年度税收抵免预算额度，再将预算额度从联邦政府向下层层分解。其次，各州的分配额度由联邦政府统筹安排，一般根据人口数额分配；各房产商的分配额度则由房产商向州住房金融机构进行申请，并由州住房金融机构通过竞争的程序审核、筛选，并进行分配。可以看到，联邦政府主要负责提供

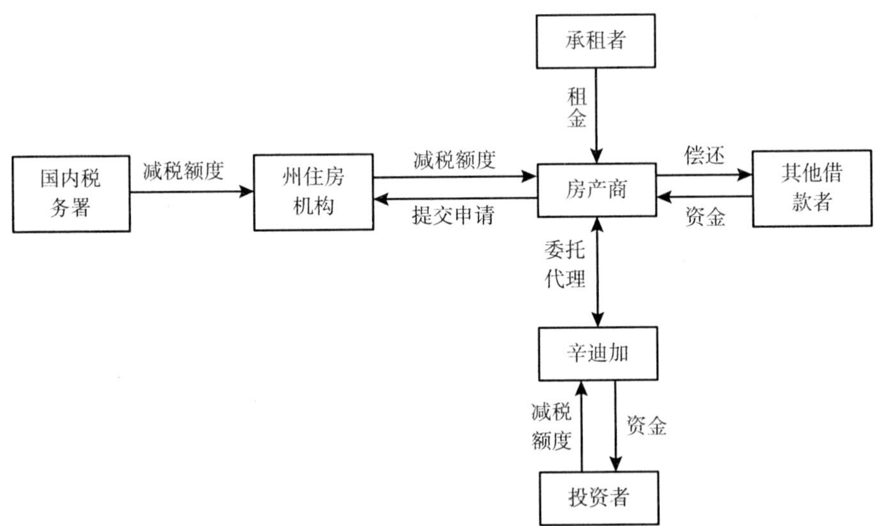

图2－1　美国税收抵免政策流程

财政资金安排，而项目的具体运作是由各个州的住房金融机构来运作的。最后，房产商以此为依托进行融资。通过将税收抵免的收益注入新成立的辛迪加，房产商可以以股权或免税债券的方式向私人投资者筹集资金。

为保证低收入家庭购房税收抵免计划（LIHTC）的效率，该计划在向房产商分配税收抵免额度时采取竞争机制。州住房金融局根据联邦法规制定合格分配计划（QAPS），将税收抵免额度优先分配给期限最长并且面向最低收入人群的廉租房项目。税收抵免额度每年分配两次，由房产商将开发计划主动提交州住房金融局进行申请。

得到税收抵免额度之后，房产商通常以信托形式成立辛迪加，并在辛迪加内部向投资者分配税收抵免额度。税收抵免额度可能全部分配给投资者，也可能由房产商留存一部分。在此基础之上，形成了税收抵免额度的二级市场。由于税收抵免额度覆盖多个年度，所以税收抵免额度的定价是一个资本化的过程。税收抵免的背后是联邦政府信用，可以近似地由无风险利率将各年的税收抵免额度贴现，一般而言，由于廉租公寓的开发成本相对确定，所以每年固定比例的税收返还就相当于一个固定利率债券，当市场利率较高的时候，证券化的折现价值降低，价格下降，反之，则价格上升。投资者不但可以获得税收抵免额度，还可以通过税收抵免额度的二级市场价格变化获得价差收入。

税收抵免政策降低了建设廉租房的筹资成本，既满足了廉租房建设的资金需求，又可以将廉租房的租金（回收项目成本的渠道之一）降到非常低的水平。但是这一政策仍有额外的成本。一是信托的发行费用。根据《1986年税收改革法案》，税收抵免额度不适用于个人，所以只能向机构投资者销售，从而产生承销费用。其次，由于投资者会计入时间成本，所以税收抵免额度需要贴现，其销售价格低于面值。如果市场承销费用很高或者利率很高，那么廉租房建设项目的总成本也会大幅上升。

（二）需求方融资模式：住房贷款及其衍生市场

1. 住房抵押贷款在住房保障中的作用

住房抵押贷款也称住房按揭贷款，是向住房购买方发放的贷款。这一融资方式并不单独用于住房保障，而是面向所有的购房者，但是，通过对购房者进行支持，可以使中低收入人群拥有获得住房贷款并购房的能力。

美国联邦政府对住房保障需求的调查考虑了住房贷款因素，即在可获得5%首付的常规固定利率30年抵押贷款的前提之下，家庭和个人获得中等住宅的能力。美国人口调查局部分年份的住宅获得能力调查结果，如表2-2所示。在2004年，如果获得的是“常规的”5%首付固定利率30年抵押贷款，那么已经拥有住宅的家庭中有75.7%能购买新的中等条件住宅，租赁他人住宅居住的家庭中仅有8.3%有能力购买新的中等条件住宅。相比较而言，独立的个人更加糟糕，已经拥有住宅的独立个人只有58.9%有能力购买新的中等条件住宅，租赁他人住宅居住的独立个人仅有7.0%有能力购买新的中等条件住宅。值得注意的是，对租赁他人住宅居住的家庭和独立个人而言，对新住宅的购买能力持续下降。从1984~2004年，有能力购买中等条件住宅的比例下降了约1/3。

表2-2　部分年份美国家庭与独立个人获得中等住宅的能力　单位：%

年份	有购买能力的家庭与独立个人所占百分比						
	总计	家庭			独立个人		
		合计	已有住房的家庭	租房居住的家庭	合计	已有住房的个人	租房居住的个人
1984	52.2	60.4	79.6	12.6	33.5	60.2	13.4
1988	51.4	59.7	78.1	14.0	33.9	60.8	12.8
1991	49.4	57.6	75.2	13.1	33.4	59.0	12.2
1993	49.5	57.7	76.5	11.7	33.5	60.8	11.2
1995	48.3	55.6	74.6	9.9	34.3	62.3	10.6
2002	47.9	56.4	73.6	7.8	33.1	57.0	7.3
2004	49.1	58.4	75.7	8.3	34.2	59.8	7.0

注：假设可获得5%首付的常规固定利率30年抵押贷款。
资料来源：U. S. Census Bureau, Survey of Income and Program Participation, 2004.

为使低收入人群可以获得住房抵押贷款，美国联邦政府进一步调查家庭与独立个人获利获得中等住宅的原因，如表 2－3 所示。其中，现金不足意味着低收入人群无法支付住房贷款的首付，收入不足意味着低收入人群无法按时足额偿还住房贷款的本息。就美国次贷危机之前的情况来看，多数无住房购买能力的家庭与独立个人面临的是收入问题，即其恒常收入不足以支付住房贷款的本息，这就需要政府的补贴来予以补足。此外，虽然仅有现金不足的情况可以通过政府对首付补贴政策来应对，但是，仅有 33.2% 的家庭和 19.7% 的独立个人属于这一类型。这意味着在住房贷款模式下，低收入家庭的住房保障依赖政府的政策支持，而政府的政策支持最终会表现为持续的补贴，而不仅仅是通过补贴首付来帮助低收入人群获得住房贷款的问题。

表 2－3　2004 年美国家庭与独立个人无力获得中等住宅的原因　单位：%

面临的问题	无购买能力的家庭与独立个人所占百分比					
	家庭			独立个人		
	合计	已有住房	租房居住	合计	已有住房	租房居住
总计	100.0	100.0	100.0	100.0	100.0	100.0
仅现金不足	33.2	42.8	25.9	19.7	23.7	17.9
仅收入不足	11.5	23.9	2.0	11.9	29.3	3.9
现金与收入均不足	55.3	33.3	72.1	68.4	47.0	78.2

注 1：可获得的现金包括举债所得现金。
　2：假设可获得 5% 首付的常规固定利率 30 年抵押贷款。
资料来源：U. S. Census Bureau，Survey of Income and Program Participation，2004.

在支持低收入人群获得住房抵押贷款的各种方式中，最有特色的是对衍生品的政府担保。通过创设各类住房抵押贷款支持证券及其衍生品，住房抵押贷款发放机构可以提高资产的流动性并进行融资。在次贷危机之前，美国联邦政府通过吉利美向联邦住宅管理局、退伍军人事务部等机构提供联邦政府的担保；在次贷危机之后，担保范围扩大到房地美与房利美。目前，联邦担保的住房抵押贷款支持证券（MBS）已经成为美国住房抵押贷款支持证券市场的主体，如图 2－2 所示。

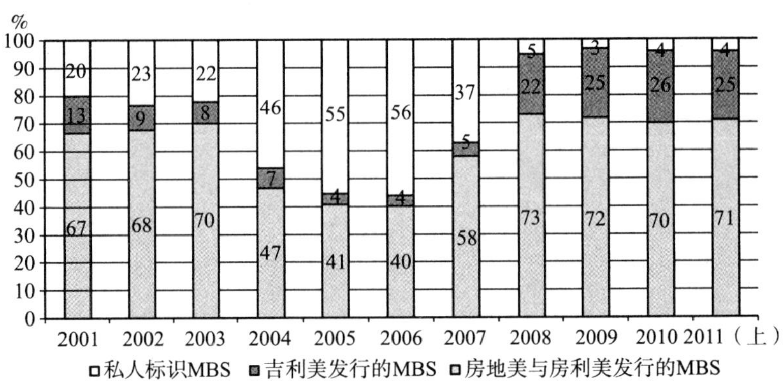

图2－2　2001～2011年第二季度新发行住房抵押贷款支持证券（MBS）的部门结构

注：2011年（上）数据根据2011年前两季度累计得出，其余年份数据根据全年累计数得出

资料来源：Conservator's Report on the Enterprises' Financial Performance，Second Quarter 2011。FHFA网站。

2. 住房抵押贷款证券化市场的特征

中低收入人群的住房抵押贷款具有较高的违约率，其证券化实际上是对不良资产的证券化。因此，美国对中低收入人群的住房抵押贷款所进行的证券化采取一些特殊的方式来管控其中的风险，以使得中低收入人群的住房抵押贷款可以在证券市场上实现证券化操作。

（1）引入专业化的特殊服务商。美国的证券化离不开服务商，服务商的作用不仅在于承担发送贷款账单、收取贷款本息、支付税费与保险费、催收欠款等服务，还在于使从发行人转让出的资产能够维持正常的收益与风险状态。按照《美国统一商法典》中《担保交易：账债和动产契约的买卖》的规定，美国的证券化需要遵循"真实销售"原则，即被证券化的基础资产及其相关的风险与收益需要从原始权益人手中有效地剥离。为保证剥离后的基础资产能够正常运营，在典型的证券化业务中，发起人需要引入"总服务商"（Master Servicer）和"首要服务商"（Primary Servicer）。其中，首要服务商由多家金融机构组成，提供基础资产的具体运营服务，并且允许其在证券存续期内转让服务权；总服务商则对这些首要服务商进行监督，在证券存续期内固定不变。

中低收入人群的住房抵押贷款证券化需要引入"特殊服务商"（Special Servicer）。中低收入人群住房抵押贷款的违约率显著高于优质债权，接近于不良贷款，需要更强的贷款管理，并需要催收欠款等专业服务。特殊服务商则在不良贷款的管理与处置方面有较强的专业能力。在包含不良贷款的证券化合约中，特殊服务商通常不是一开始便存在的，而是在资产池中出现不良债权之后，经受托人、总服务商和净息差债券承保人①同意，由证券销售商按照预先达成的协定将服务权转移给特殊服务商。

（2）构造复杂的支持证券组别。美国的证券化大多进行结构化设计，除将流动性较差的资产转变为流动性较强的证券之外，还将基础资产生成的现金流在各类证券之间重新分配，以得出具有不同“风险—收益”特征的证券组别。在证券化设计中，基本的证券组别是优先级证券与次级证券，前者的本金与利息优先偿付，后者的本金和利息在偿付优先级证券的本金和利息之后才进行支付。为保证优先级证券与次级证券的风险控制在一定范围之内，证券化设计中还包括多种组别的支持证券，以容纳基础资产中“超额担保”部分的本息、超出计划支付的基础资产本息，以及超出一定额度的提前偿付本息等“剩余”现金流。从本息偿还次序来看，支持证券也属于次级证券，但是由于包含特定类别的现金流及风险，所以通常在证券化设计中作为单独的组别。

中低收入人群的住房抵押贷款证券化需要构造复杂的支持证券组别。为提高所构造证券的信用等级，发行人必须采用多种信用增级方式，如提供超额担保、购买违约保险和“优先级—次级”结构。其中，“优先级—次级”结构中的剩余现金流及风险通常由支持证券承担，而每个组别的支持证券承担不同因素带来的剩余现金流与风险。这使得不同的信用增级方式均影响证券化合约中与支持证券相关的条款，如在证券化合约中，基于资产池中超额担保的贷款来构造相应的支持证券，以及规定承保人在特定情况下享有对支持证券的购买权。

（3）细分资产池中的各类风险。美国的证券化有着较长的链条，即广受诟病的在证券化产品基础上的证券化，如以债务担保凭证为基础资产的

---

① 净息差债券承保人是在证券化中提供违约保险服务的保险公司，其营业许可范围通常仅包括金融担保。当资产池中包括不良债权时，在证券组合中常包括净息差证券（Net Interest Margin Securities，NIMS），这一证券承担较高的风险并有较高的收益率。为降低净息差证券的风险，通常会由净息差证券承保人对其支付额提供担保。

CDO^2，以及以 CDO^2 为基础资产的 CDO^3 等。在次贷危机之前较为宽松的金融监管下，证券化的发行人可以通过构造 CDO、CDO^2、CDO^3 等证券来进行结构套利操作，以获取基础资产收益与债务担保凭证各组别支付的差额。这一套利操作所创造的各类债务担保凭证规模远大于以从资产负债表中剥离资产为目的所创造的债务担保凭证。为获得尽可能高的套利收益，CDO、CDO^2、CDO^3 等证券的主要组别需要满足证券市场投资者的主要需求缺口，即因国债发行规模难以满足投资者的无风险资产需求而产生的“安全资产”缺口，以及投资者希望能在担保融资和衍生品交易中拥有标的物的“便利收益”（Convenience Yield）缺口，从而将各类风险从证券化产品上逐步剥离出来，形成对应各类细分风险的支持证券组别。

中低收入人群的住房抵押贷款证券化会产生更长的证券化链条，并产生各个细分风险类别的风险交易市场。贷款中不良债权所产生的影响不仅是违约风险，还包括提前偿付风险，并且证券的利率风险等市场风险也会随之变化，一次证券化很难将各类风险完全剥离。为获得低风险的证券组别，不同证券化产品中的一些组别会被集合到新的资产池，进行进一步的证券化。同时，不良贷款的特质风险较为明显，潜在的结构套利机会更多，也促使金融机构以其为基础资产进行多次证券化。在多次证券化中剥离出的风险具有交易价值。投资者对波动率具有偏好，呈现负的风险溢酬。而不良贷款的违约风险较高，对应支持证券的收益率波动也较高，更容易产生相应的风险交易市场，对应的信用违约互换（CDS）市场也随之发展起来。

第二节　德国的住房保障实现模式与融资机制

尽管保障房与商品房相互区分，但是住房保障与住房市场密切联系。住房保障制度向市场机制的倾斜将促使住房市场快速增长，而住房市场的高涨又往往会带来更大的住房保障压力。在住房保障与住房市场之间的关系方面，德国通常被认为是较为成功的。德国的住房价格得到了很好的控制，住房市场也相对平稳。与美国相比，住房保障模式更侧重于供给端，主要采取租赁法、住房补助金、私有住房促进和社会保障住房建设四种传统手段，直到20世纪90年代末才加入社会城市和东部城市改造两个新的手段①。

一、住房保障实现模式：对市场机制的强干预

德国的住房保障模式更注重其社会公平属性。与之相应，德国的住房保障侧重对市场机制的纠正，以使之符合整个社会的公平诉求。为此，德国在住房市场的各个环节进行纠正，并限制市场机制的自由发挥，其中，以对住房租赁市场的管制最为典型。

（一）供给端的住房保障模式：管制与激励

德国的供给端住房保障以社会福利房为主，由政府所建的以及个人或者房屋投资商向政府融资后所建的定向出租给低收入家庭的住房，房租一般为市场租金的50%～60%。与之相应，德国政府侧重租金管制和租赁用保障房（包括政府保障房和私有租赁房）的建设。

1. 管制租金价格

德国的租金价格管制是以法律形式确定的。房屋租赁法是德国《民法典》的组成部分，由于民法属于竞争立法的范畴，所以德国将房屋租赁法的立法权权限几乎全部归于联邦。即使房屋租赁涉及州职责范围内的法律事务，也需要得到联邦参议院的同意。州的主要法律事务，是由各乡镇在联邦州委托行政的框架下负责制定“房租价格表”②。总的来看，德国的租金管制可以分为两类：一是特殊时期的租金价格管制，二是一般性的租金价格管制。

特殊时期的租金价格管制是在住房高度短缺时的临时规定。从第二次世界大战结束到1960年，联邦德国呈现非常大的住房缺口，其原因既包括战争破坏导致的住房供给减少，又包括来自东部的难民和从乡村回流到城市的战时疏散人口。据估计，1946年德国的住房缺口约5500万套住房

---

①② ［德］比约恩·埃格纳著，左婷译：《德国住房政策：延续与转变》，载于《德国研究》2011年第3期。

单位[①]。为缓解住房保障压力，盟军实施“住房统制经济”，由政府统一规定租金数额，并在事实上禁止已有租赁合同的解除。

一般性的租金价格管制则是德国最具有特色的住房保障政策。德国的租金价格管制与租客住房权利保护高度结合，其租金水平受市场交易价格的影响较小，主要取决于已租房屋的租金价格。首先，租金实行增量管制，虽然住房出租的租金价格由房主和房客协商决定，但是之后年度租金上涨的幅度则由通胀程度或固定租金房产在一定年份之前（一般为 4 年前）的规定水平而决定。3 年之内，租上涨幅度不得超过 20%。其次，限制房东解除租房合同的权利，以保护租客的住房权利。如果想解除租房合同，必须具备房屋拟自用、房屋老化需重建、租客未履行按期交纳房屋租金义务等三种法定条件之一。虽然德国联邦宪法法院于 1989 年在关于住房解约的裁决中做出削弱租房者保护条款的裁决，但是德国多数基层社会法庭仍支持租客权利的保护[②]。2012 年 12 月，德国议会通过新租房法，并于 2013 年 5 月生效。新租房法要求各州政府控制该州主要地区房租 3 年内涨幅不得超过 15%，房主不得将租金提高至平均水平的 10% 以上。若租金超过房租指导价的 50%，可认定房东赚取暴利，最高可判刑入狱 3 年[③]。第三，德国的租房者协会是非常强势的政治团体，通过游说活动、对话博弈等方式保护租房者的自身利益，使住房租金支出长期保持在收入的 25% 左右，并且使其成为一种社会习俗约定[④]。

2. 控制土地供给

德国的法律将土地物权分为所有权、质权和用益权，并允许土地的所有权、用益权转让及质押。但是，德国法律也要求行使土地所有权时必须符合公共和社会利益。具体而言，在《德国民法典》第 903 条中规定了四

---

① ［德］比约恩·埃格纳著，左婷译：《德国住房政策：延续与转变》，载于《德国研究》2011 年第 3 期。

②④ 余南平：《金融危机下德国住房模式反思》，载于《德国研究》2010 年第 3 期。

③ 杨瑛：《借鉴德国经验加快建设以公租房为主的住房保障体系》，载于《城市发展研究》2014 年第 2 期，第 77 ~ 82 页。

点限制①：

一是住房用途不可随意变更。根据《改善承租权和限制租金增长法》第6条的授权，当住房紧张时，州政府可以颁布区域性法规，限制已有住房在未经政府机关同意时改作其他用途。

二是必须考虑国土规划和州规划。这一限制延伸了空间秩序法和国土规划的适用范围，通过要求联邦机构和州政府的规划符合空间秩序法，乡镇的建筑指导计划符合国土规划和州规划，从而形成对土地所有权人的房屋建造地点与形式的实质性限制。

三是要求土地所有权人负担城市改造义务。根据《建筑物法典》第175~179条，土地所有权人负有拆除、建造和翻新的义务。

四是限制农业和林业的流转，规定农业和林业用地的转让须报批并获得州政府的许可。

德国的土地征收或重划必须考虑公共利益。对政府而言，一方面，在提供土地时会提出配套的公共利益要求，如建设一定标准与规模的公共设施和城市绿地等；另一方面，对私人土地的征收必须建立在公共利益之上，严禁用于私人用途。

3. 建设政府保障房

第二次世界大战之后，由于住房供给严重不足，德国以保障房建设作为实现住房保障的主要方式。根据《1950年住房建设法》规定，德国政府可以通过国家供给住房的方式来干预住房市场，并且“促进住房建设是联邦、州和乡镇的共同任务”。《1956年住房建设法》进一步明确了德国政府的保障房建设任务，即“为广大阶层的民众建设大小、设施和房租或者负担是确定而又合适的”的住房。据此，德国在联邦、州和乡镇层面均有详细的保障房建设计划，以针对人口结构变化和不同需求进行规划安排。在此授权下，德国政府的大规模保障房一直持续到20世纪90年代。政府保障房的建设使得住房供给可以根据特定时期的特殊需求而灵活调整，并保持住房供给的相对稳定。尽管在20世纪90年代，德国的年建筑量仅为在30万套左右，但是在德国统一之后，德国的年建筑量可以在

① 窦希铭：《土地流转法律制度比较研究——以中国、美国和欧盟主要工业国的对比为视角》，中国政法大学博士学位论文，2011年。

1995～1996 年急剧上升至 65 万套[①]，以满足统一后居民迁徙而产生的结构性需求。

4. 鼓励私人主体参与住房供给

德国政府鼓励私人主体参与住房保障。在保障房的建设方面，德国政府以公共财政支持私有租赁房建设；在保障房的管理方面，德国允许私人主体进行保障房的管理。

在鼓励私人主体参与保障房建设时，德国政府基于两个目标：一是配合 20 世纪 60 年代开始的住房私有化进程，二是在特定时期内提高保障房的短期供给。其中，后者主要体现在 20 世纪 90 年代初的德国统一时期。为解决居民迁徙而产生的结构性需求，除政府加大保障房建设力度之外，也鼓励私人建筑房屋来满足住房保障需求的短期激增。对私人主体参与保障房建设的鼓励促使大型私人机构参与住房供给，德国住房协会和德国大公司开始介入住房市场，并保证了德国住房供给的持续稳定性[②]。目前，德国保障房的私人供给者包括都市住房公司（Municipal Housing Companies）、住房组织（NGO）、房地产开发商及各类其他投资者[③]。

德国鼓励私有租赁房建设的典型模式为补贴和公私合作。在补贴模式下，大型住房企业承担的私有住房建设项目可直接享受政府补贴；在公私合作模式下，政府与私人企业之间还要进行权限与收益的分配。公私合作中的政府主体的乡镇基层政府，在私人企业获得联邦和州补贴之后，房屋建设地所在的乡镇从私人企业租所建设房屋并获得占有权。但是，房屋租金的数额并非由市场决定，而是根据平均成本进行公共定价，仅用于保证房企业支付该住房日常运营成本的需要，即所谓的“成本房租”。获得占用权后，乡镇政府将这些房屋用于住房保障，向特定人群发放“居住许可证”并向其租赁房屋。政府对私人住房的租赁期限通常是 20～30 年，之后，乡镇政府不再以成本房租的占用这些住房，这些住房可以被作为一种

①② 余南平：《金融危机下德国住房模式反思》，载于《德国研究》2010 年第 3 期。

③ 薛德升、苏迪德、李俊夫、李志刚：《德国住房保障体系及其对我国的启示》，载于《国际城市规划》2012 年第 4 期。

经济商品自由出租或出售①。

在立法机构与联邦政府的支持下，德国的私人部门广泛参与住房保障事务。就非政府组织而言，有专门帮助福利房承租家庭等社会保障对象的“社会福利协会”、保护住房承租人权利的“租房者协会”，以及与其对应的“土地和房屋拥有人协会”，并规定德国住房合作社建造的住房只能用于出租，不能出售。就企业而言，德国法律要求建造住房的房地产企业必须预留一定比例的住房，专门向低收入者等特殊群体出售或出租。截至21世纪初，德国约有600万单位的房屋出租给1300万租客，其中私人公司管理30%左右的廉租房②。作为激励，地方政府在强制实施的同时给予配套的优惠措施，如长期贷款、低息贷款甚至是无息贷款、土地优惠、免税等③。在法规的强制与政策的激励之下，房地产企业成为德国租房的主要供给方。据德国联邦统计局2008年数据显示，德国出租房源的构成中，93%左右的房子为私有住房，真正由政府出租的住房仅占出租住房总数1%～2%④。总体来看，非政府部门、房地产企业和政府保障房构成多层次和多元化的住房保障社会服务体系。

专栏2-1

住房合作社

住房合作社是一种集体融资、建造、经营的社会性的住房互助组织，由于住房合作社每年建造的房屋数量占德国全国新建房屋总数量的1/3左右，所以住房合作社成为稳定出租房源的主要力量。

住房合作社起源于19世纪中叶的合作建房制度，起初是产业工人的住房自助组织，现在则成为德国全社会的住房互助组织。其运行模式

---

① ［德］比约恩·埃格纳著，左婷译，郑春荣校：《德国住房政策：延续与转变》，载于《德国研究》2011年第3期。

②③ 余南平：《金融危机下德国住房模式反思》，载于《德国研究》2010年第3期。

④ 李讯：《德国住房租赁市场发展的主要经验及启示》，载于《金融发展研究》2011年第10期。

是社员筹资建房，房屋建好后由集体所有，他们或者低价租下自住，或者对外出租。住房合作社最少需要7人以上发起设立，并集体运作。每个会员在入社时交纳一次性的会员费（10000欧元），并享有租住住房合作社所建住房的权利。社员在租住房屋时按月支付房租，若中途退出、搬迁，合作社将向个人退还至此为止的全部房款（会费加全部租金），再将该房转让给新加入的会员。

合作社建房资金除了社员入社资金，还可获取国家资金的资助，以及争取由政府担保的银行低息贷款。一般来说房屋投资商在自有资金达到项目投资的15%以上时，与政府签订合同后可向政府申请免息或低息（利率仅0.5%）贷款，房屋建成后，必须定向出租给低收入家庭，房租标准由政府核定，一般为市场价格的50%。除了提供资金政府还提供较低价格的土地，还减免所得税，财产税等。由于每个社员，既为租户，也为股东，经营好的合作社现在每年可获得4%～6%的分红。合作社具有法人资格，当其所建房屋租给会员的比例低于90%时政府不再对其免税。

资料来源：孙令军：《德国住房保障和住房金融的借鉴与启示》，载于《中国房地产》2006年第9期，第78～80页。薛德升、苏迪德、李俊夫、李志刚：《德国住房保障体系及其对我国的启示》，载于《国际城市规划》2012年第4期，第23～27页。

（二）需求端的住房保障模式：广泛的补贴

需求端的住房补贴包括对购房者的补贴和对租房者的补贴。其中，对购房者的补贴仅存在于1949～2006年，对租房者的补贴用于（暂时性的）社会性住房，至今仍然存在。

1. 租房补贴

对租房者的补贴被称为“住房补助金”。根据《住房补助金法》的规定，该项补贴用以帮助“不能独立获得合适的、与家庭情况相宜住房的家庭，即经济学意义里的无市场能力的家庭”。有无市场能力的判断标准，取决于家庭收入、房租金额、住房面积和家庭成员的数量。住房补助金并非自动获得，而是由满足标准的家庭提出申请，并由政府负担实际交纳租金与可以承受租金的差额。可以承受的租金一般按照家庭收入的25%确定。房租补贴的资金由联邦政府和州政府各承担50%。补贴期限为15年，15年以后随着家庭收入的增加，相应地逐年减少租金补贴。目前，德国约有11%的家庭，租金全部靠政府公共财政租金补贴①。用于出租的社会性住房主要由地方政府负责提供，租金管理则主要由联邦政府负责。房租补贴在保证房屋租赁市场健康发展的同时实现了对低收入群体的住房保障。对房屋租赁市场而言，补贴保证房屋出租方的出租收入，避免房屋租赁市场的萎缩。对低收入家庭而言补贴大幅减少了家庭的房租负担。以科隆市为例，统计表明房租补贴使住房负担占家庭税后月收入的比例由45%下降到31%②。

德国的房租补贴与其住房产权状况相适应。与欧洲其他发达国家相比，德国居民并不追求住房的自有产权，城市居民中仅有48%的家庭拥有自有产权住房，其余52%的家庭租房居住，自有产权住房的比例并不高。与之相应，住房保障所保障的是居民“住有所居”，而不是拥有房产。

租房补贴也是德国减少对房屋租赁市场干预，促进其市场化的举措。德国对房屋租赁供给端的管制正在逐步放松，其结果便是房屋租赁市场价格的攀升。20世纪60年代，德国房租为平均每月每平方米1.5马克，20世纪70年代已经涨到4.5马克以上。公共住宅建设的租金也相应提高，给享受社会保险的人和低收入者造成了很大的负担。为此，德国从1956年开始在部分地区推行房屋补贴制度，1970年立法实行全国范围的住房补贴。目前，德国约有11%的家庭，租金全部靠政府公共财政租金补贴③。

2. 购房补贴

对购房者的补贴主要体现为“自有住房促进”计划，其实施模式包括税收减免与现金补贴模式，并经历多次调整，最终在2006年取消。与租房补贴相比，购房补贴面临更大的争议。

争议之一是购房补贴更有利于高收入人群。在税收减免模式下，购买

---

①②③《以满足“住房是人的基本需求”为导向，实现了住房保障的广覆盖——德国住房保障制度走过了160多年》，载于《中国经济导报》2011年3月22日，第B06版。

或建造房产的支出可以从应纳所得额中扣减，而购买或建造房产的支出与购房者收入或房产价格（或建造成本）高度相关，这就使得购房补贴成为中高收入人群的福利，而非低收入人群的保障。

争议之二是购房补贴比租房补贴面临更高的财政支出压力。在现金补贴模式下，只有收入低于某个特定界限以下的人员或是成员数量达到一定标准的家庭才能享受补贴，可以将高收入群体排除在外。但是，短期来看，由于购房价格远大于租房价格，所以同等人群的购房补贴要大于租房补贴，并且与税收减免模式相比，现金补贴不能自动地将补贴额度平摊到较长的时期①。

争议之三是各级政府的支出分配问题。无论是税收减免模式还是现金补贴模式，均与所得税相联系。前者是所得税的减免，后者从所得税中拨付。但是，德国的所得税是共享税，同时涉及联邦、州和乡镇的财政收支②，各级政府对购房补贴的负担比例常有不同的见解。

争议之四是不同社会阶层对购房补贴的态度差异。不同政党代表着不同的社会阶层的利益，如社民党倾向于取消私有住房补贴，基民盟/基社盟则持反对态度，由此带来的住房政策博弈与演进被称为党派差异假说。如1970年扩大住房补助金范围、1971年和1974年增强租户保护、2000年重新制定住房补助金，以及2002年改革租赁法都体现出社民党的意愿，而20世纪50年代引入住房统制经济和1965年引入住房补助金都体现出基民盟/基社盟的意愿③。

二、住房保障融资机制：鼓励互助性住房金融机制

德国的住房保障以租赁为主，所以狭义的住房保障融资仅包括补贴租金所需的政府补贴和税收减免，这些资金也仅来自德国各级政府的财政资金。但是，如果考虑到住房保障的房屋来源很多是私人拥有产权的房屋，

① 在税收减免模式下，由于超出本期应纳税所得额的购房（或建房）支出通常自动递延至下一期，所以每一期的财政补贴可以控制在一定额度之内。

②③ ［德］比约恩·埃格纳著，左婷译：《德国住房政策：延续与转变》，载于《德国研究》2011年第3期。

而这些房屋又在政府资金和金融体系的激励下而建设，那么广义的住房保障融资机制除财政资金之外，还包括鼓励私人机构兴建保障性住房的金融机制，尤其是用于推动住房建设的互助性金融机制。

（一）强有力的财政支持

德国的保障房供给在很大程度上依赖私有产权住房，因此，除财政资金之外，德国也很重视建立用于住房保障的私有产权住房的融资机制。就整个德国的住房体系来说，尽管许多关于住房的财政支持政策并没有被直接列为住房保障项目，但是这些政策使人们可以更便利地购买或租住住房，从而在实质上起到了保障房的作用。总的来看，德国的供给方住房保障融资由纯粹的私人主体（开发商、建筑公司）主导，国家通过法律、金融等工具对其进行引导和规范，是开发主体多元化的供给侧住房保障融资体系[①]。如表 2 - 4 所示。

表 2 - 4　　　　德国保障性住房建设的资金来源

资金来源主体	形式
政府	低价或免费的土地；低息或无息贷款；税收优惠；有条件的补助
社会住房协会	奖助金补助
私人部门	低价土地

资料来源：《联合国人居宣言 2009》，转引自薛德升、苏迪德、李俊夫、李志刚：《德国住房保障体系及其对我国的启示》，载于《国际城市规划》2012 年第 4 期。

1. 直接的财政支持

供给方的直接财政支持有多个途径。途径之一是直接的保障房建设资金。如 1950 ~ 1956 年间，德国政府共花费 55.5 亿欧元来建造保障住房，约占全部财政支出的 1/4。途径之二是政府的住房补贴，如在两德统一后的短暂住房短缺期，德国采用政府补贴等方式鼓励私有产权住房的建设，以缓解由于结构迁移带来的住房短缺。

---

① 薛德升、苏迪德、李俊夫、李志刚：《德国住房保障体系及其对我国的启示》，载于《国际城市规划》2012 年第 4 期。

直接的保障房建设资金体现为具体的保障项目，一般放在一个较住房保障更为宏大的主题之中。典型的项目是20世纪90年代末推行的由乡镇主导的“社会城市”（全名是“有特殊发展需求的城区——社会城市”）和“东部城市改造”（全名是“东部城市改造——为了有生活价值的城市和有吸引力的居住”）项目。这两个项目属于地方财政支出范围，用于城市基础设施升级改造。其中，“社会城市”定位在基础设施升级，用以支持增强市中心的功能、再利用空置的场地和消除社会弊病，“东部城市改造”定位在基础设施改造，用以拆除长期不再需要的住宅大楼、安排土地再利用，使城市的基础设施与德国合并后东部城市的萎缩状况相适应。但是，从资金来源看，这些保障房项目的资金不仅来自地方政府的本级财政收入，还来自联邦政府给予的转移支付。这些转移支付兼具专项和一般性转移支付的特征，既专门用于保障房项目，又允许地方支付在具体保障房项目之间自行分配。具体而言，联邦政府按照特定的分配比例将资金分配给各州，各州之下的城市采取申请促进资金的方式进行二次分配①。

直接的住房补贴包括现金补贴、税收减免和优惠贷款。现金补贴方面，房屋建设者可以直接得到财政资助。税收减免方面，私人的建房费用可在最初使用住宅的8年内折旧40%，从而降低房主应纳的税额。优惠贷款方面，如果房屋投资商或私人建造符合一定的福利要求，那么在自有资金达到项目投资的15%以上时，投资商或私人向政府申请免息或低息（利率仅为0.5%）贷款，申请建房的贷款可从应纳税的收入中扣除。此外，个人建房免征10年地产税，并在购买房地产时免征地产转移税②。

2. 间接的财政支持

间接财政支持也有多个途径。途径之一是优惠的土地供给，通过提供低价或免费的土地来促进保障房建设。途径之二是财政投融资支持，通过政府发放的低息贷款等方式促进互助建房的非营利组织的发展。

① ［德］比约恩·埃格纳著，左婷译：《德国住房政策：延续与转变》，载于《德国研究》2011年第3期。

② 《以满足“住房是人的基本需求”为导向，实现了住房保障的广覆盖——德国住房保障制度走过了160多年》，载于《中国经济导报》2011年3月22日，第B06版。

土地供给方面，德国政府对保障房建设的间接财政支持主要表现为注重公共利益的土地供给。在非营利性建房企业兴建福利性社会住宅时，政府会向土地所有者征购土地，租给建房企业建住宅。与我国不同，德国政府不能将土地作为自由买卖的自由市场标的物，政府也不用土地收入来保证财政收入。因此，德国政府的土地供给实际上是支出导向的，侧重于满足公共需要，而不是为财政支出融资，所以也不因政府收支差距而变动。

财政投融资方面，德国政府对私人机构保障房建设的财政投融资支持面向企业的福利性住房项目和非营利组织，包括住房合作社、住宅信贷协会等，并在建设保障房的过程中形成交叉汇集。

建设福利性住房的企业可以向城市政府提出建房预算，政府会向其提供的占建筑费用50%的无息贷款，贷款偿还期为25年。同时，德国政府还鼓励一些大型厂矿企业主为本企业的职工建造福利性住宅。企业只要具备25%的自有建房资金，即可获得75%的政府优惠贷款，并可获得减免土地税、所得税等方面的优惠。

住房合作社可以同时获得直接和间接的财政支持。直接的财政支持来自直接的财政资助，如从政府获得的无息建房贷款，这些贷款的额度通常占建房费用的60%～70%，部分高达90%，贷款期限长达20年①。

住房储蓄机构可以在政府的激励政策下获得充足的资金来源，并向住房合作社提供优惠贷款支持。住房储蓄机构也是互助性组织，参与者先储蓄，后贷款，其贷款利率固定，并遵循低息互助原则。德国政府对住房储蓄机构的奖励政策包括设立住宅储蓄奖励金、雇员储蓄奖金和职工资产积累奖金，以及个人所得税的税基减免。此外，德国政府对住宅价格进行有力的调控，使得住宅价格稳定，保证储蓄的住宅购买力不发生大的变化（贬值），也保证了住房储蓄制度的平稳发展②。

对住房合作社和住房储蓄机构的财政支持最终汇集到一起，如图2－3所示，从而形成德国政府对保障房建设的全方位支持。

---

① 《以满足"住房是人的基本需求"为导向，实现了住房保障的广覆盖——德国住房保障制度走过了160多年》，载于《中国经济导报》2011年3月22日，第B06版。

② 薛德升、苏迪德、李俊夫、李志刚：《德国住房保障体系及其对我国的启示》，载于《国际城市规划》2012年第4期。

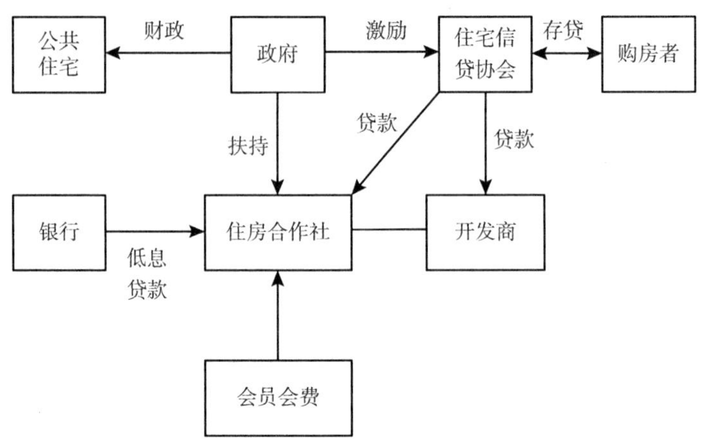

图 2－3　德国的保障房建设融资路径

（二）供给方与需求方融资渠道的融合

德国的住房金融机构同时向供给方和需求方进行贷款，使得保障房供给方和需求方的融资机制在一定程度上是重合的。

住房互助储蓄信贷银行是根据政府特定的法律设置的，具有住房储蓄业务的特许经营权。作为互助性金融机构，住房互助储蓄信贷银行实行先存后贷的模式。1924 年，德国科隆成立了第一家住宅储蓄银行。1931 年，德国把住房储蓄制度纳入国家监管，并制定了专门法律。之后，住房互助储蓄信贷银行迅速发展。

住房互助储蓄信贷银行同时向住房的供给方和需求方提供贷款。对需求方的贷款，源于互助储蓄的初衷。为获得互助储蓄银行低利率贷款，住房的购买者首先需要与银行签订《住房储蓄合同》，按照合同在将来连续一段时间存款，当存款额达到贷款额的一定比例时（一般为 40%～50%），银行开始发放贷款，还本付息时间一般为 10～15 年，且存贷利率差基本为 2.5 个百分点，低于且独立于市场之外封闭运行。对供给方的贷款，源于住房的购买者在住房互助储蓄信贷银行的存贷时间差，银行一般会将资金贷给开发商并获得利息收入，从而为住房建设融资。

传统意义上的住房互助储蓄信贷银行只从事住房融资业务，但是，目前德国的住房互助储蓄信贷银行也在经营商业银行业务。

专栏 2 - 2

施威比豪尔银行 (Schwäbisch Hall)

施威比豪尔银行是德国最大的住房储蓄银行，市场占有率达到 28%，共有 660 万客户，合同额近 2000 亿欧元。2007 年，银行共有员工（包括外勤人员）7285 人，新签合同 872000 份，新增储蓄额 270 亿欧元，实现利润 4 亿欧元，成本利润率达到 47.7%。施豪集团的业务除了传统的住房储蓄之外，还涉及养老保险、住房融资、软件开发、房屋管理等周边领域。

1931 年，施威比时·豪尔建房储蓄信贷社迁址柏林，更名为：德意志建房储蓄股份公司房地产第二抵押贷款合作社。1941 年后一度和工业贷款合作社合并。在当时这个名称中包含的一个原则今天仍然是建房储蓄信贷的一个重要的职能特征，即它是继第一抵押权贷款之后的第二抵押权贷款，不动产抵押贷款中的这种“职能分工”，对新建住房或购房所需的大笔资金的筹集十分重要，这可视为一种“融资工具”创新组合。它为今天普通抵押银行与建房储蓄信贷社联合发放组合贷款奠定了基础。

资料来源：施江霞：《德国住房储蓄制度浅析——施威比时·豪尔建房储蓄信贷社掠影》，载于《中国房地产金融》1994 年第 2 期。

第三节　日本的住房保障实现模式与融资机制

日本政府对住房保障的参与程度要大于欧美发达国家。不同于美国高度依赖市场机制的模式和德国深度干预市场模式，日本政府试图将住房保障纳入政府的规划之中，使得其住房保障体系具有浓重的政府色彩。与之相应，日本的住房保障融资也以政府的财政资金为主，私人资金仅起到补充作用。

一、住房保障实现模式：政府深度参与

日本政府对住房保障的深度参与体现在两方面：一是政府的住房保障不是碎片化的若干项目，而是整体性的，是对国民全体的长期规划；二是政府主导保障性住房的建设，并且政府的保障房建设延续至今。

（一）将住房保障纳入政府规划

与欧美国家相比，日本的住房保障问题更为严峻。在 20 世纪 60 ~ 70 年代，工业化、城市化的快速推进引起地价飙升，部分大城市出现房价居高不下、中低收入者购房困难等问题，住房保障需求急剧上升。受此影响日本政府高度重视住房问题，在每 5 年制定的“住房建设五年计划”中，均列出住房保障的政策目标，如表 2 – 5 所示。从日本各个住房 5 年计划的政策目标可以发现，在日本房地产泡沫前后，住房保障的目标发生了很大的改变。在 1991 年之前，房地产泡沫不断增长，住房保障目标主要是保证基本的住房需求，但是在 1991 年房地产泡沫破裂之后，住房保障的目标趋向于改善型需求，致力于提高更优质的住房。对于不同类型的保障性住宅，日本政府也列出了适合使用的人数和最低居住标准下使用的人数如表 2 – 6 所示。

表 2 – 5　　日本住房五年计划及政策目标

时期	住房政策目标
第一个五年计划（1966 ~ 1970 年）	“一户一套房”
第二个五年计划（1971 ~ 1975 年）	“一人一间房”：四口之家人均居住面积达到 14.85 平方米；四口以上人家人均居住面积达到 19.8 平方米
第三个五年计划（1976 ~ 1980 年）	制定住房面积最低标准和平均标准，一半以上家庭达到最低标准
第四个五年计划（1981 ~ 1985 年）	所有家庭住房超过最低标准，一般家庭达到平均标准，并提出“居住环境标准”

续表

时期	住房政策目标
第五个五年计划（1986～1990年）	所有家庭达到平均标准，逐步实现诱导居住标准
第六个五年计划（1991～1995年）	鼓励居民购房置业，细化居住质量和环境质量标准
第七个五年计划（1996～2000年）	鼓励建设优质住宅、140平方米连体独户住宅，85平方米公寓住宅
第八个五年计划（2001～2005年）	建设“21世纪舒适住宅”，细化住宅性能标准，包括外观（采光、隔热、保暖）、质量、安全性、耐久性等
第九个五年计划（2006～2010年）	建设可给下一代的高品质住宅，改善居住环境，发展住宅市场，启动“建筑寿命200年的优质住宅”计划
第十个五年计划（2011～2015年）	构建安全、安心的富裕生活环境；实现住宅的合理管理与资源再生；满足多样性的住房需求；保证特定人群（低收入者、受灾者、高龄者、残疾人、抚育子女的家庭、外国人）的住房需求
第十一个五年计划（2016～2020年）	为结婚、育儿的家庭提供可安心居住的住房；为高龄者提供安全且安心的住房；为低收入者、老人、残疾人、单亲/多子女家庭、外国人、乞丐提供可安心居住的住宅

注1：从2005年起，“住房建设五年规划”（住宅建設五箇年計画）改称“居住生活基本计划（全国计划）”（住生活基本計画（全国計画））。

2：第一至九个五年计划的住房政策目标转引自汪利娜：《日本住房金融公库住房保障功能的启示》，载于《经济学动态》2010年第11期。

资料来源：日本国土交通省白皮书。

表2－6　　日本保障性住宅平均面积标准

住宅面积（平方米）	使用住宅户型	适合使用人数（人）	最低居住标准使用人数（人）
40	1DK	1～2	3
50	1LDK、2DK	2～3	4
60	2LDK、3DK	3～4	5
70	3LDK、4DK	4～5	6
90	4LDK	5以上	—

注：户型代号中，L为居室，D为餐厅，K为厨房，前方数字代表独立的房间数（即卧室数）

资料来源：转引自刘乔明：《我国保障性住房与日本公营住宅的差异》，载于《住宅科技》2010年第8期。

（二）政府主导的保障房建设

日本的住房保障体系经常被描述为住宅公库（后被住宅金融支援机构所取代）、公营住房和住房公团三大支柱。但是，这一描述实质上是对住房保障机构的划分。如果从保障房的类别来看，日本的保障性住房体系应描述为财政支持的私人住房、公营住房和公团住房。

1. 财政支持的私人住房

住房保障中的私人住房指中低收入人群的自建住房或自购住房，主要通过税收减免和提供融资支持来保证中低收入人群的住房可得性。

日本的税收减免覆盖私人住房的取得与维修环节，涉及的税种包括所得税、房产税、个人居民税等多项税种，如表 2－7 所示。但是，由于日本的住房保障目标已经由保证基本的住房需求转变为保证改善型需求，所以税收减免并非专门针对低收入群体，而是具有普惠性。

表 2－7　日本对私人住房的税收特例

取得住房环节的税收特例	维修住房环节的税收特例
• 按揭贷款减税（所得税、个人居民税）	• 按揭贷款减税（所得税、个人居民税）
• 获赠购房资金免税（赠与税）	• 获赠购房资金免税（赠与税）
• 居住用房屋产权登记免税（登记和牌照税）	• 房屋耐震改造免税（所得税、房产税）
• 不动产取得税特例（不动产取得税）	• 节能减排改造免税（所得税、房产税）
• 新建住房的税额减免（房产税）	• 维修改造免税（所得税、房产税）
• 长期优良住宅免税（所得税、登记和牌照税、不动产取得税、固定资产税、个人居民税）	• 长期优良住宅免税（所得税、房产税）
• 低碳住宅免税（所得税、登记和牌照税）	• 共同居住者维修免税（所得税）
• 转手住宅免税（登记和牌照税、不动产取得税）	

资料来源：日本国土交通省“税制概要”栏目（http：//www. mlit. go. jp/jutakukentiku/house/jutakukentiku_house_fr2_000011. html）。

日本政府对私人住房的融资支持可以分为前后两个阶段。前一阶段的融资支持是直接的，由政府投融资机构直接向私人或半官方的住房建设与购买提供贷款，其主要机构是住宅金融公库；后一阶段的融资支持是间接的，由政府投融资机构参与私人金融机构的住房贷款证券化，其主要机构是由住宅金融公库改组的住宅金融支援机构。

住宅金融公库（住宅金融公庫）是政策性住房金融机构，其目标是将更多的低成本的长期社会资金引入与民生相关的住宅领域，向那些难以从商业银行获得信贷的开发企业和个人提供住房资金支持，以弥补民间融资长期资金不足和来源不稳定的缺陷①。住宅金融公库设立于1950年，其身份为独立企业法人，隶属于国土交通省住宅局。住宅金融公库的资本金全部来自政府投资，并凭借政府信用发行特殊债券，或有偿使用日本财政投融资体制所归集的资金，住宅金融公库发行长期贷款并回收本息，由于利率较低，日本中央政府会给予相应的补贴。住宅金融公库的贷款对象为建房或购房的中低收入家庭、开发普通住宅的住宅公团、开发租赁性住房的民间企业和从事旧城改造的企业等。作为直接的融资支持，住宅金融公库在贷款额、偿还期限、利率等方面均向中低收入者倾斜。住宅金融公库可为购房者提供房款总额60%的贷款，其偿还期最长可达35年，还贷困难者经申请还可延长10年。住宅金融公库的贷款利率一般比市场利率低1~2个百分点。公库成立之初，其利率仅为5.5%，大大低于银行利率14.6%。而且不同于民间的浮动利率制，采取固定利率制。20世纪90年代中期之后，对于适应人口老龄化需求、符合无障碍设计要求的住宅和节能住宅、大城市首次购建住房者，住宅金融公库还实行进一步的优惠利率。

20世纪90年代之后，随着泡沫经济破灭，房地产价格的下跌，日本民间商业金融机构不得不将业务扩展至中低收入家庭。受此影响，日本政府对私人住房的融资支持由对建房和购房者的直接融资支持转向对住房金融体系的支持，并试图同时解决住房保障和金融稳定两大问题。2007年，住宅金融公库被改组为住宅金融支援机构（住宅金融支援機構）。住宅金融支援机构为自主经营的独立行政法人，截至2017年年初，资本金已达到7086亿日元，全部为政府注资，按照《日本住宅金融支援机构法案》设立并运作，向内阁大藏省和国土交通省负责。住宅金融支援机构的资金运用不同于住宅金融公库，由原来对住宅建设和购买的直接资金支持，转变为对金融机构的住宅贷款提供支持，涵盖证券化支援、住宅融资保险和

① 汪利娜：《日本住房金融公库住房保障功能的启示》，载于《经济学动态》2010年第11期。

融资等业务。具体而言，包括收购私人金融机构住房贷款资产进行证券化、在资本市场上发行房贷支持债券、为政策贷款和证券化提供信用保证担保，以及在大型灾害或城市改造时提供民间信贷机构无法提供的灾后重建融资贷款等，力求为住房金融市场提供稳定的资金来源①。

2. 地方政府供应的公营住宅

日本住房保障体系中的公营住宅是由地方政府（都道府县与市町村两级地方政府）兴建的住房，主要由住宅供给公社（住宅供給公社）提供。住宅供给公社是地方性的住房供应机构，按照《公营住宅法》的规定设立并运作，最早设立于1951年。在中央政府的资助下，各地区的住宅供给公社为本地区的低收入家庭建设租赁性的公共住房。公营住房的租赁对象主要是低收入（收入水平处于最低的25%的群体）、母子家庭、残疾人家庭等。

住宅公社所提供的住宅分为出售住宅和租赁住宅两大类。其中，出售住宅面向中等收入人群，以成本价销售，租赁住宅则面向低收入人群。住宅公社所提供的租赁住宅原则上向全社会收入线80%以下的家庭出租，但是主要的承租者是在收入线33%以下的贫困家庭，这部分住宅是严格意义上的公营住宅。日本政府又把在收入线33%以下的家庭分为两类，即在收入线17%～33%的家庭和在收入线17%以下的家庭，向前者提供的租赁住房称为第一种公营住房，向后者提供的住房称为第二种公营住房。②

公营住房的租金水平不是以运行成本确定，而是基于承租家庭的家庭收入。在此基础上，考虑住房面积、位置、朝向等因素来确定基准租金。一般而言，基准租金相当于家庭收入的18%～20%。住房实际租金以基准租金为参照，一经确定，每年按5%的速度递增。住房实际租金与市场租金的差额由政府补贴，并以家庭收入来确定补贴年限。收入水平越高，政府补贴年限越短，最长补贴年限为20年③。

---

① 汪利娜：《日本住房金融公库住房保障功能的启示》，载于《经济学动态》2010年第11期。

②③ 侯淅珉：《日本、新加坡公共住房的建设、供应对象与价格》，载于《中国房地产》1995年第7期。

3. 中央与地方政府合作的公团住宅

日本住房保障体系中的公团住宅是由住宅公团（日本住宅公団）提供的住房。住宅公团是依据《1955 年住宅公团法》由政府和地方团体共同出资组建的住房公司，其主要职能是以城市为中心，为中等收入群体提供可租赁房和出售的住房。在 1981 年之前，日本住宅公团和宅地开发公司均是直接供给住房的法定机构。但是随着《住宅・都市整备公团法》在 1980 年底颁布，这两家机构合并为住宅・都市整备公团（住宅・都市整備公団）。住宅・都市整备公团的职能是负责住房和城市基础设施建设。1999 年 10 月，住宅・都市整备公团被撤销，同时成立"都市基盘整备公团"（都市基盤整備公団），隶属于国土交通省。都市整备公团从商品房开发中撤出，专注于在市区范围内提供、维护和管理租赁性住房。2004 年，都市整备公团改组为都市再生机构如图 2－4 所示（都市再生機構或 UR 都市機構），其职能由原来建设公共住宅为主转向土地储备、整理和再开发，单位性质也由原来的特殊法人变为独立行政法人①。与公营住房不同，公团住宅的服务范围不局限于某个地区，而是跨地区、多城市经营，并且服务对象从低收入群体扩展至支付能力较弱的中等收入。

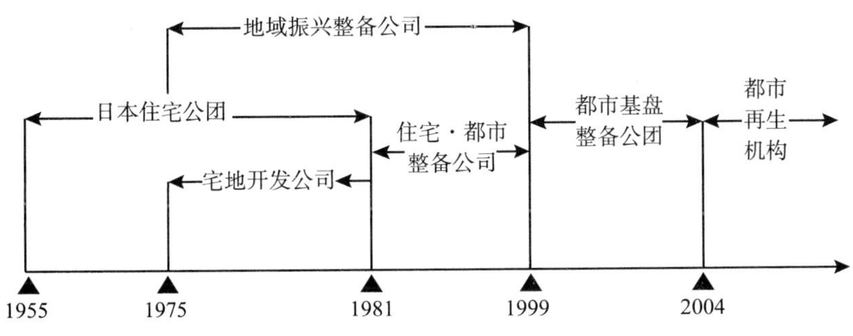

图 2－4　日本住宅公团系列机构的演进路径

资料来源：日本 UR 都市机构网站（http：//www. ur-net. go. jp/）。

公团住房也可分为出售住宅和租赁住宅两大类。出售的公团住宅原则

---

① 孙淑芬：《日本、韩国住房保障制度及对我国的启示》，载于《财经问题研究》2011 年第 4 期。

上以成本价向中等收入家庭出售。其成本包括土地费用和房屋建造费用两部分，具体包括土地购入费、土地三通一平费、房屋主体工程费、住宅小区内附属工程费、管理费及贷款利息。公团住房的出售价格还要加上3%的消费税。但是政府会对公团住房的购买者提供税收优惠，包括6年的所得税返还、减免相关的交易税、不动产所得税及固定资产税①。租赁的公团住宅以成本确定租金，一般包括折旧费、土地费、维修费、管理费、保险费、房产税、利息等7项因素。考虑到政府的利息补偿和政府贷款的低利率（4%），公团住房的租金是按下述原则确定的：折旧费按所有建设费用的4%（高层按3.5%）计算，土地费按土地购入及三通一平费用的4%（高层按3.5%）计算，维修费和管理费分别按主体工程和附属工程费的1.2%和0.5%计算，保险费按主体工程费的0.072%计算，房产税根据不同时期房产税的具体规定确定，利息按前6项费用之和的1%计算。上述租金除以12，即得出每月的租金额。但由于政府补贴，所以公团住房租金在初始租赁的5年内继续进行减免，5年之后才逐步提高到上述租金水平②。

4. 临时性保障住房

除长期存在的住宅公社与住宅公团之外，日本在战后历史上还出现两次大型的“应急临时性”住宅供应。第一次是在第二次世界大战之后，由于战争毁坏大量住宅，加上海外撤回的士兵和一般人员，日本出现全国范围的住宅不足问题。为此，日本政府在1945年颁布《患灾都市应急建议住宅建设纲要》，并进行保障房建设。由于当时日本的经济政策为“产业复兴”服务，是“生产倾斜式”的产业政策，所以产业工人的住宅困难问题尤为突出，“应急临时性住房”也主要服务产业工人。第二次是在1997年神户大地震之后，作为区域的生活安定对策和应对灾害对策，在满足《灾害救助法》要求的基础上由地方政府负责实施区域性临时住宅的直接供应。这是日本独特的“应急临时性”住房保障模式③。

①② 侯淅珉：《日本、新加坡公共住房的建设、供应对象与价格》，载于《中国房地产》1995年第7期。

③ 金伊花：《日本的住房保障》，载于《城乡建设》2008年第6期。

二、住房保障融资机制：注重政府资金的引导作用

财政资金在日本的住房保障融资中扮演着重要角色，包括政府直接出资建设住房、政府提供财政补贴和税收优惠、政府通过财政投融资体系筹集资金等，在住宅金融公库被改组为住宅金融支援机构之后，日本政府逐渐加大私人部门资金的比重，单纯从资金数量来看，私人资本占新建住宅的资金来源的比重已经达到60%左右，住宅公库资金占30%左右（个别年份曾高达到40%多），公营公团和其他公共资金占比10%左右[①]，但是，政府资金仍起到重要的引导作用。日本将财政用于市街区综合整备、都市开发、公共住房融资、运营、管理、维护等方面的资金支出统称“住宅对策费”。就其规模来看，最高时的2004年达到71201亿日元。2000年之前，其在一般预算支出中所占比重基本维持在1%～2%，之后年份呈迅速上升趋势，2004年达到8.39%。2004年之后有所回落，2011年为3.74%[②]。

（一）住宅金融公库融资

住宅金融公库是日本政策性住宅金融体系的主要组成部分，为个人建房购房、公团公营兴建公共住房和民间企业兴建租赁房提供了充足的低成本资金支持。自1950年创建到2006年间，住宅金融公库累计为1941万户居民建房购房提供资金支持（按户数计算占住宅市场份额的30%），累计提供的贷款规模达到151兆亿日元[③]。住宅金融公库的资金来源包括国家财政拨款、财政低息贷款（财政投融资借款）、发行住房债券、民间资金以及回收贷款等。每年政府在财政投融资计划中决定当年的贷款额和预定贷款户数。由于公库以低于财政投融资借款的利率放贷，为此，利差亏损等由财政予以补助[④]。虽然住宅金融公库的资本金完全来自政府注资，但其营运的资金并不是政府的财政拨款，而是通过财政投融资体制归集私

① 汪利娜：《日本住房金融公库住房保障功能的启示》，载于《经济学动态》2010年第11期。

②③④ 杨华：《中国保障性住房融资模式探讨——以日本经验为借鉴》，载于《财政研究》2013年第10期。

人资金，即“为了实现社会经济发展，提升国民福利水平等政策目标，将长期的邮政储蓄、福利养老金、国民养老金和简易人寿保险等靠国家信用归集起来的资金与财政预算资金相协调，有偿借贷给公共团体、符合政府住房政策的民间住宅开发企业和个人的运作体系”，如图 2－5 所示①。财政投融资贷款为日本保障房建设提供了有力的资金支持。日本的财政投融资贷款是以国家信用为基础，将邮政储蓄、养老保险和简易保险等资金受托保管于大藏省（现财务省）“资金运用部”，由“资金运用部”向国家、特殊法人、地方公共团体进行的融资。邮政储蓄、养老保险和简易保险资金规模巨大、来源稳定，又有政府信誉担保，吸引大量的民间资金进入住房保障领域②。

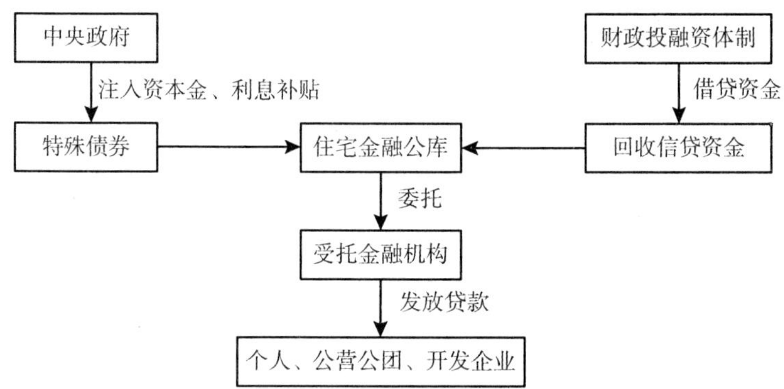

图 2－5　日本住宅金融公库的资金来源与运用

资料来源：汪利娜：《日本住房金融公库住房保障功能的启示》，载于《经济学动态》2010 年第 11 期。

1999 年，日本颁布《中央政府机构改革法案》。以此为依据，日本从 2001 年开始对所有的政府附属机构进行改革，以解决特殊法人机构庞大、效率低下等问题，住宅金融公库被改组为住宅金融支持机构，成为专门从事住房抵押贷款证券化业的公司。作为其资金来源之一，邮政储蓄体系也

① 汪利娜：《日本住房金融公库住房保障功能的启示》，载于《经济学动态》2010 年第 11 期。

② 杨华：《中国保障性住房融资模式探讨——以日本经验为借鉴》，载于《财政研究》2013 年第 10 期。

进行改革。2003 年 4 月 1 日，日本邮政集团正式成立，邮储资金从部分自主运作向全部自主运作转变。2007 年 4 月 1 日，住宅金融支持机构正式挂牌成立并取代住宅金融公库，政府对住宅金融的支持也相应地从住宅抵押一级市场转向抵押二级市场，即从直接向房地产企业和个人提供住房信贷转变为向住宅金融机构提供流动性支持，从而将资本市场上更多的低成本资金引入住宅领域①。

专栏 2-3

日本的邮政储蓄体系

在日本，邮政储蓄有着十分悠久的历史，从明治 8 年（1875 年）就开始创办了“奖励勤俭储蓄”，通过将个人的零散资金汇集起来，为个人创业提供初始的资本金。由于邮政储蓄是政府创办的、有国家的信用担保，不像民间金融机构在战乱和经济不景气时常常会遭遇破产倒闭的风险，加之网点广泛，遍布城乡各地、便民服务好，使之赢得了国民的青睐。在过去相当长的时间里，它一直是日本国民储蓄的主要的存放地，归集的资金约占个人储蓄存款的 30% 左右。随着时间的推移，邮储的品种不断丰富，除一般普通存款、定期存款外，还增加了住房积累储蓄、教育积累储蓄、儿童邮政储蓄和老年（优惠利率）邮政储蓄等。日本的一般存款多为无息存款，使之与养老金一样具有资金归集量大、成本低的特点。邮政储蓄除满足日常储户提取存款外，大部分剩余资金成为政府财政投融资体制长期资金的主要来源。因此，在日本财政投融资年度资金计划中，邮政储蓄通常占 50% 左右，厚生年金、国民年金约占 20%，简易生命保险约占 20%，政府债券占 6% 左右。这使得政府有了较多的低成本资金用于改善民生和提供公共品服务上。

资料来源：汪利娜：《日本住房金融公库住房保障功能的启示》，载于《经济学动态》2010 年 11 期，第 126～130 页。

---

① 杨华：《中国保障性住房融资模式探讨——以日本经验为借鉴》，载于《财政研究》2013 年第 10 期。

（二）公社住房融资

住宅供给公社的建房资金来源包括两大部分：贷款与补贴。其中，贷款主要是从住宅金融公库和地方政府获得的贷款，少部分贷款是向邮政储蓄等其他民间机构的贷款。政府贷款为无息贷款，民间贷款利率则在6%左右，住宅供给公社通过住房出售收入或出租收入来归还上述贷款①。除国家住宅金融公库的低息贷款和地方政府的无息贷款外，日本政府还在住房建设费用和住房出租两方面进行财政补贴。《公营住宅法》规定，第一种和第二种公营住房建设中的土地费用全部由地方政府负担，实行土地划拨政策，公营住房的建安工程费由国家财政补贴，其中第一种公营住房补贴1/2，第二种公营住房补贴2/3。国家和地方政府还分别对公社租赁住房进行租金补贴。补贴以市场租金和实际租金的差额为基数，其中对Ⅰ、Ⅱ组家庭住房租金的差额，国家和地方政府各补贴一半，对Ⅰ－Ⅴ组家庭住房租金的差额，国家和地方政府分别负担1/3和2/3②。其中，公营住房和家庭组别的标准如表2－8和表2－9所示。公营住宅的建设维修管理则来源于税款，其中中央政府对地方建设公营住宅进行补贴占公营住宅建设资金的1/2左右。

表2－8　　日本公营住房的对象与面积、租金

类别	供应对象	平均使用面积（平方米）	月租金（万日元）
第一种	四口之家，年收入约366万日元～490万日元，收入线17%～33%	82.5	4.2
第二种	四口之家，年收入约366万日元以下，收入线17%以下	79.2	2.6

注：1993年标准。

资料来源：日本建设省，转引自侯淅珉：《日本、新加坡公共住房的建设、供应对象与价格》，载于《中国房地产》1995年第7期。

①② 侯淅珉：《日本、新加坡公共住房的建设、供应对象与价格》，载于《中国房地产》1995年第7期。

表 2-9　日本保障性住宅平均面积标准

收入阶层分组		家庭年收入（万日元）	基准租金（月·万日元）	市场租金
Ⅰ组	25%~40%	472~583	7.58	17 万日元/月（70 平方米住房）
Ⅱ组	40%~50%	583~656	9.01	
Ⅲ组	50%~60%	656~745	10.78	
Ⅳ组	60%~70%	745~846	12.93	
Ⅴ组	70%~80%	846~993	15.00	

注：1993 年标准。

资料来源：《东京都住宅供给公社概况》，1994。转引自侯淅珉：《日本、新加坡公共住房的建设、供应对象与价格》，载于《中国房地产》1995 年第 7 期。

（三）公团住房与都市再生机构融资

住宅公团的资金来源包括资本金、财政低息贷款、财政补贴、向简易保险和民间金融机构的贷款、发行住宅债券收入以及业务收入等。其中，资本金由政府和地方的公共团体的投资组成。在公团的住宅建设的资金来源中，由政府财政提供的信贷资金最多，占 62.1%，从民间融资的占 15.3%，政府拨款占 0.9%，各种住宅债券占 21.7%。住宅公团的资金运作主要采取乡政府和民间机构贷款，建房后出售回收，然后归还贷款的模式。以 1993 年为例，除资本金外，公团向政府贷款 139723 亿日元，向民间机构贷款 39151 亿日元，发行住宅都市整备债券 36331 亿日元，发行特别住宅债券和宅地开发债券 1389 亿日元。政府对公团贷款实行利率优惠政策，年利率为 4%。此外，政府对公团贷款实行利息补偿制度，在每年的年度预算中，对公团的经营事业进行财政补助。

改组为都市再生机构之后，资本金由政府投资和地方公共团体投资两部分构成。政府投资占绝对优势比重，为 1.07 万亿日元，地方公共团体投资仅作为补充，为 20 亿日元。都市再生机构利用政府信用大量发行债券并借款，截至 2016 年第一季度末，负债中长期借款为 11 万亿日元，都市再生债券约 1 万亿日元[①]。

① 《独立行政法人都市再生機構貸借対照表》，UR 都市机构网站，http://www.ur-net.go.jp/ir/pdf/ur2016ir0001.pdf。

第四节　新加坡的住房保障实现模式与融资机制

新加坡的住房保障模式被认为是成功的典范，截至 2013 年 3 月，82% 的新加坡人居住在政府提供的公共住房中，并且 80% 的人口享有住房的拥有权。新加坡住房保障模式的成功之处在于其政府对住房保障事务强有力的介入，尤其是其“组屋”制度。

一、住房保障实现模式：政府主导的组屋

新加坡的住房由廉租房、廉价房和私有性住宅三部分构成，其中，廉租房和廉价房即为新加坡的保障性住房。这两类住房以中、低收入阶层为目标群体，由政府投资建设并实行有偿提供。私有性住宅则面向高收入阶层，由私人部门提供并在住房市场购买，截至 2013 年年初，约 82% 的人口居住在政府提供的组屋中。

第二次世界大战之后，新加坡的住房短缺问题十分严重。为解决城市中的贫民窟与棚户区问题，并兑现在第一个五年计划里平均每年建造 10000 单位低收入保障房的选举承诺，新加坡在 1960 年成立了建屋发展局。建屋发展局是属于国家发展部的法定机构，其主要职责是清理土地，改造市区，建设和管理公共住房，并且有权依法征用土地。在为中低收入者提供住房的基础上，建屋发展局也管理住房，并提供与其相配套的工商业营业场所，娱乐设施，社交设施和宗教设施等。商业用房为建屋发展局提供了可观的收益，包括工商业场所的出租出售收入、配套设施、公园和市场的收入等，这些收入又全部被用在保障房项目中。但是从数量上看，商业用房的建设规模远小于住房（如表 2－10 所示）。由于以政府融资支持的建屋发展局是新加坡最大的房屋供应者，所以政府是新加坡住房市场的主导力量，而房地产市场的正常发展又为建屋发展局能够获得充足的收入。建屋发展局的另一个职责是当中低收入组屋购买者的公积金和现金不足以支付购房款时为其提供低息贷款，年息比商业银行低 3～4 个百分点。

此外它还提供为期 10 年的装修贷款。

表 2 – 10　　1960 ~ 2015 年新加坡建屋发展局建设的住房与商业用房对比

时间	总的建筑数量	住房	商业用房
1960 ~ 1965 年	54430	53777	653
1966 ~ 1970 年	66239	63448	2791
1971 ~ 1975 年	113819	110362	3457
1976 ~ 1980 年	137670	130981	6689
1981 ~ 1985 年	200377	189299	11078
1986 ~ 1990 年	121400	119708	1692
1991 ~ 1995 年	99557	98994	563
1996 ~ 2000 年	158621	157919	702
2001 ~ 2005 年	55515	55135	380
2006 ~ 2010 年	30069	29935	134
2001 ~ 2015 年	97235	96991	244

资料来源：根据新加坡建屋发展局年度报告整理。

新加坡初期的住房保障以租房为主，但是随着 1964 年推行“居者有其屋”计划，住房保障的取向由鼓励租房到鼓励购房，组屋申请者更偏好购房，有所有权的组屋成为主要的组屋需求（如表 2 – 11 所示）。

表 2 – 11　　1960 ~ 2015/2016 财年新加坡租赁和有住房所有权组屋的需求对比

时间	租赁组屋	有住房所有权的组屋
1960 ~ 1965 年	52408	2967 *
1966 ~ 1970 年	66005	40013
1971 ~ 1975/1976 财年	57034	123213
1976/1977 ~ 1980/1981 财年	47958	141430
1981 ~ 1985 财年	38628	205502
1986 ~ 1990 财年	15995	194206

续表

时间	租赁组屋	有住房所有权的组屋
1991～1995 财年	39200	308454
1996～2000 财年	27787	129904
2001～2005 财年	22968	51052
2006～2010 财年	20725	64767
2001～2015 财年	22726	136486 **

注：＊仅包括 1964～1965 年的购买组屋申请。
** 包括 2015 年 11 月和 2016 年 2 月的预计数。
资料来源：根据新加坡建屋发展局年度报告资料整理。

建屋发展局建设的组屋随着住房需求增加而增加，而且在组屋中居住的人也是逐年增多，如图 2－6 所示。一般来说保障房的建造需要的大量的资金，且其固有的占有期长，低收益性使得保障房融资成为保障房建设的一大瓶颈，而新加坡则顺利地解决了这一保障房融资难问题。进入 20 世纪 90 年代之后，组屋居住人口已经基本稳定并略呈下降趋势。

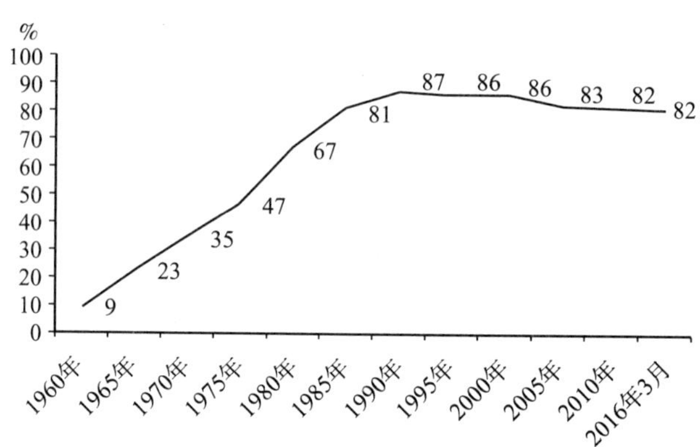

图 2－6　1960～2013 年在组屋居住居民比重变化

资料来源：根据新加坡建屋发展局资料整理。

建屋发展局可获得政府低价的土地供应。新加坡土地的市场价格高昂。为使建屋发展局能够快速获得低价土地以保障组屋建设，新加坡不仅制定了一系列强制性的获得土地的法规，而且附加了拆迁法规。比如 1961

年的河水山失火以后通过的法案修改规定，通过失火后获得的土地价格不高于空置地盘价格的1/3。从1920～1985年，政府通过强制性获得土地积攒了大量的土地，而建屋发展局通过竞标已从政府土地银行中取得约3/4的新加坡土地。拆迁方面，规定大面积违章建筑居住人群有义务让出土地用于组屋建造，并最后将人群安排在组屋中居住。通过将拆迁安置部隶属于建屋发展局，以将拆迁与修建统筹规划，进一步保障了对建屋发展局的土地供应。

二、住房保障融资机制：以公积金为核心

新加坡保障房融资体系主要涉及三个部门：政府、建屋发展局和公积金局，具体融资流程如图2－7所示。保障房建设的融资渠道有贷款和政府补助，其中贷款由两部分构成，一部分为公积金局的低利率贷款，另一部分为政府发展基金贷款。而政府补助的来源一部分为税收，另一部分则来源于其通过发行债券继而由公积金局购买。公积金在新加坡的住房保障融资体系中具有重要地位，按照新加坡中央公积金制度的要求，全体常住居民和企业按照一定比例向公积金局缴纳公积金，企业和居民个人各承担一半。由此积累了数额巨大的公积金并且构成了新加坡保障房建设融资的主要来源。自1968年颁布的《中央公积金修改法令》中规定公积金可作为组屋建设投资资金起，中央公积金局就将约80%的公积金，通过购买政府债券的方式转移给中央政府。中央公积金制度实质上是一个强制储蓄计划，有利息且利息免税，而且规定只有到55岁以后或者出于某种特殊的目的才可提取，比如用来支付组屋购买的首付或者归还建屋发展局提供的组屋购买贷款。在新加坡保障房融资体系中，公积金制度属于连接保障房供应和需求的枢纽。与供给方的连接，体现为向建屋发展局提供低息贷款保障组屋建设，以及购买政府债券为政府融资，从而使其可为建屋发展局提供补贴用于组屋建设；与需求方的连接，体现为向中低收入者购买或装修保障房提供资金支持，使其或者全款购买或者支付首付并为其还款提供部分资金。

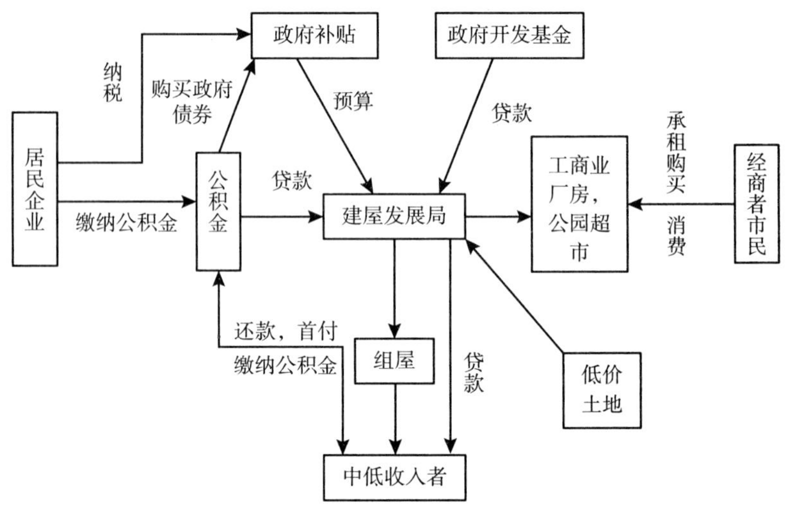

图 2－7 保障房融资以及运行流程

建屋发展局的全部赤字由政府补贴，使得组屋的开发费用大幅低于市场价。但是，据 1975 年以来的估计，补贴的额度仅占了组屋开发费用的 2% 左右。除预算补贴外，政府发展基金还为建屋发展局提供长期贷款，1986 年以来，政府发展基金提供的贷款利率都是钉住公积金贷款利率，期限为 20 年，超期未还的贷款利率按照公积金贷款利率加 2% 计算，整体上低于市场利率。

建屋发展局也采取了一系列措施来降低开发成本。首先，制定标准化的短期建造计划，实现对组屋建设预算的良好控制。其次，建屋发展局有自己的建筑材料供应链，建立或者控制了自己的砖、瓦以及沙子等下游供应企业。最后，建屋发展局有自己的人力资源供应基地，并且在 1984 年后被授权可在国外招工，以降低组屋建设中的人力成本。

第三章

中国保障房建设融资的模式创新

对于当前中国涌现的各类保障房建设融资模式，本书从制度演变的角度分析其特点并预测其发展方向。保障房建设融资模式的演变无疑涉及到各级政府、开发商、各类金融机构和受保障群体的多重博弈，但是更重要的是制度成本问题。保障房建设融资模式的演变，反映为各方不断控制制度形成和维护成本的过程，当制度形成和维护成本已经无法得到有效控制时，新的融资模式便在成本无法控制之处产生，并进入新融资模式下的制度形成和维护成本控制过程。

第一节　中国保障房建设融资的参与主体

进入21世纪以来，中国的住房价格高速攀升，住房保障问题日益重要，住房保障的融资问题也更加凸显。受此影响，中央政府对保障房建设中的融资持较为宽松的态度，使得政府部门、监管机构、政策性金融机构、商业金融机构乃至开发商纷纷介入保障房建设融资体系。

一、政府部门

保障房建设融资并非某个政府部门单独完成，需要有统一而长期的规划并在政府部门之间协调，这就使得保障房建设融资涉及多个层级的政府部门。

（一）国务院

国务院为中国保障房建设融资体系提供指导方针，所采取的具体形式为纲领性的指导意见。以棚户区改造为例，2015 年 6 月 25 日，国务院发布《关于进一步做好城镇棚户区和城乡危房改造及配套基础设施建设有关工作的意见》，明确提出推动政府购买棚改服务，在城市基础设施建设运营中积极推广特许经营等各种政府和社会资本合作（PPP）模式和构建多元化棚改实施主体等。一般来说，这些指导意见确立了相关领域的保障房建设融资的基本架构。

保障房融资渠道的重大创新须经国务院最终通过，从而最终决定了各类主体参与保障房融资的方式。如政策性金融机构对保障房建设融资的参与，便需经过国务院的授权。2014 年 4 月 2 日召开常务会议，同意由国家开发银行成立住宅金融专项事业部，鼓励国家开发银行和农业发展银行发行专项建设债券，利用专项建设债券筹集资金建立专项建设基金，重点支持棚改及城市基础设施等相关工程建设。这便给出了国家开发银行和农业发展银行参与保障房融资体系的基本权限与具体方式。

（二）国家发展改革委员会

国家发展改革委具体负责中国保障房建设融资的长期规划。作为重大的战略行动，保障房建设融资的推进需要各级发展改革委审批并推进。以债券发行为例，2011 年 6 月，国家发展改革委发布《关于利用债券融资支持保障性住房建设有关问题的通知》，通知各地发展改革委支持符合条件的地方政府投融资平台公司和其他企业，通过发行企业债券进行保障性住房项目融资。发展改革委同住房和城乡建设部协调地方住房建设管理系统，形成“保障性住房企业债发行操作指引”。在通过地方发展改革委系统向国家发展改革委进行“发行备案”后，地方融资平台公司可以发行企业债券筹集资金，定向用于保障性住房建设。

（三）财政部

住房保障需要由财政资金进行支持，其债务发行也通常需要政府参与。目前，财政部所涉及的主要是用于保障房建设的地方政府债券。由于地方政府债具有准国债性质，鉴于国债信用极高，融资成本最低，以地方政府债形式筹集保障房建设资金，可以大幅降低保障房融资成本，缓解资金瓶颈，加快保障房建设进程。《财政部关于做好发行2011年地方政府债券有关工作的通知》要求地方各级财政部门将2011年地方政府债券资金优先用于保障性安居工程，要进一步明确和细化地方政府债券资金安排用于公共租赁住房等保障性安居工程的具体资金数额，加大对保障性安居工程的投入力度"要全面落实保障性安居工程建设和运营涉及的各项税费优惠政策"要继续落实廉租住房、经济适用住房、公共租赁住房以及棚户区改造涉及的营业税、房产税、城镇土地使用税、土地增值税、印花税、契税等税收优惠政策。2011年6月17日，财政部公布2011年地方政府债券首次代理发行计划。此次发行涉及的地方债主体包括陕西省、山东省、云南省、重庆市等11个省市，发行的地方债种类有二类：一是6月27日招标的5年期品种，金额为254亿元；二是7月11日招标的3年期地方债，金额为250亿元。

二、监管机构

保障房建设融资的涉及面广，目前，以"一行三会"为代表的金融监管机构均参与我国的保障房建设融资。

（一）中国人民银行

保障房建设融资的主要渠道之一是债券发行。我国最大的债券市场是银行间债券市场，其债券存量和交易量约占我国全部债券市场的90%。这一市场由中国人民银行建立并监管，只要保障房融资采取债券形式，就需要中国人民银行在监管上予以配合。与传统融资渠道相比，私募债等债务融资工具具有总额大、成本低、使用限制少、期限灵活等特点，因而备受保障房建设企业的青睐。中国人民银行上海总部表示，将有越来越多的上海企业通过银行间债券市场发行债务融资工具用于保障房建设，以促进上海保障房建设工作的顺利开展。

（二）银监会

银监会对保障房建设的支持集中于地方政府用于保障房建设的平台公司贷款。一方面，银监会支持银行向经营规范的保障房建设平台公司发放贷款；另一方面，银监会允许银行在严格控制风险的同时，为能够覆盖贷款本息的项目提供资金支持。2011 年 8 月，银监会联合央行下发《关于认真做好公共租赁住房等保障性安居工程金融服务工作的通知》（以下简称《通知》），鼓励银行等金融机构对保障性住房建设予以贷款支持，同时也鼓励银行业金融机构以银团贷款形式发放公租房贷款。

银监会放开了商业银行和平台公司两个融资渠道。对于商业银行渠道，银监会允许商业银行向资本金充足、治理结构完善、运作规范、自身经营性收入能够覆盖贷款本息的政府融资平台公司发放贷款。2012 年 7 月，银监会表示重点支持以省级平台为主开展的公租房、廉租房、棚改房等三类保障房建设，支持中低价位、中小套型普通商品房建设，优先办理居民家庭首套真实自住购房按揭贷款。对于平台公司渠道，银监会允许省级政府指定一家省级融资平台公司按规定统一借款。

银监会对保障房融资中的风险问题更为重视。2011 年 7 月 6 日，银监会提出“本着市场化原则和审慎经营要求，科学支持保障性住房建设”的若干原则，其中提出了“保障性住房开发建设贷款周期不得高于 15 年”“只能用于支持资本金已到位或已确定分期到位的住房保障项目”等限制性的指导要求，提示银行金融系统集中防范银行信贷支持保障房建设过程中的风险。在放松对于平台公司贷款规定的同时，银监会还明确了政府投资建设的公共租赁住房项目须符合国家关于最低资本金比例的政策规定，贷款利率按央行利率政策执行，利率下浮时其下限为基准利率的90%。在系统性风险的防范上，银监会表示会继续引导银行优化信贷结构，重点引导金融机构对保障房建设的支持力度。在融资平台贷款上，银监会加大了对平台贷款到期违约的监管，并表示必要时与地方政府沟通，避免出现大的违约事件。2014 年 6 月 7 日，银监会表示重点关注房地产开发商的资本金、现金流和财务等状况，关注房地产开发商的资金断裂给金融带来的风险。

（三）证监会

除银行间债券市场之外，保障房建设所采用的融资工具基本在证监会的监管之下，其金融创新主要由证监会监管。证监会一直在推动保障房融资中的金融创新，主要是通过房地产信托投资资金（REITs）为房地产项目融资。2014 年 5 月，中国证监会《关于进一步推进证券经营机构创新发展的意见》提出“研究建立房地产投资信托基金的制度体系及相应的产品运作模式和方案”。5 月，国内首个交易所场内房地产投资基金产品中信证券“中信启航专项资产管理计划”获得证监会批复成功募集设立，当日在深交所综合协议交易平台挂牌转让，但是这一 REITs 仍为私募形式。2015 年 6 月，证监会正式批复准予“鹏华前海万科 REITs 封闭式混合型发起式证券投资基金”发行，并在深圳证券交易所挂牌交易，这是中国大陆第一只真正意义上符合国际惯例的公募 REITs 产品。

（四）保监会

保险公司沉淀大量的长期资金，可以为保障房建设提供长期资金来源。目前，保险公司的资金使用在保监会的监管之下，所以，保障房融资也需要保监会的支出与配合。

保监会对险资投资保障房建设一直持积极态度。2012 年 3 月，保监会表示“支持上海试点险资投资保障性住房”。2012 年 7 月，保监会发布通知，保险资金可投资保障房项目。2012 年 7 月 25 日，保监会发布《关于保险资金投资股权和不动产有关问题的通知》，结合市场实际需要，调整放松了部分限制，增强投资政策的可行性和有效性，同时强化了风险控制要求。在此通知中，证监会明确了保障房建设和养老项目有关事项，允许保险资金采用多种投资方式，支持国家重大民生和发展工程。但是，为控制风险，保监会在允许保险资金以间接方式投资公共租赁住房和廉租住房项目的同时，要求该类项目应当经政府审定，权证齐全合法有效，并且要地处经济实力较强、财政状况良好、人口增长速度较为稳定的大城市。

三、政策性金融机构

保障房建设融资是公共品的融资过程，并且更多地属于政府投融资领域。所以在保障房融资中，政策性金融机构有很高的参与度。

（一）国家开发银行

住房保障是国家开发银行政策金融职能的重要组成部分。为此，国家开发银行持续积极支持保障性安居工程建设，并在贷款结构上延续棚户区改造为主的格局。在未来很长一段时间内，中国的城镇化建设将持续推进，未来进城人口将会持续显现巨大的住房需求，住房保障也将会成为国家长期发展战略的重要环节。基于这一趋势，国家开发银行在现有基础上进一步整合资源，支持保障房建设。从规模上看，国家开发银行已经是保障房开发领域的主力银行。自 2005 年国家开发银行发放首笔棚改贷款至 2013 年底，国家开发银行累计向保障性安居工程发放贷款 6235 亿元，贷款余额 4363 亿元，同业占比近 60%；业务覆盖 30 个省（自治区、直辖市），惠及 835 万户中低收入家庭。截至 2013 年年底，全国 1.2 万亿元保障房贷款，国家开发银行承担了 60% 以上。

从项目结构上看，国家开发银行的保障性安居工程支持贷款以棚户区改造为主。根据 2013 年年底的数据，国家开发银行的保障性安居工程贷款中，棚户区改造贷款超过 3423 亿元，贷款规模已占同业的半壁江山。2014 年 4 月 8 日，国家开发银行在京召开全行视频会，部署开发性金融支持棚户区改造及城市基础设施工作。会议透露，该行争取 4 月底前为棚改发放贷款 1000 亿元。

根据 2014 年年初国务院常务会议的精神，国家开发银行牵头成立住房金融事业部支持保障房融资。在融资方式方面，国家开发银行重庆分行利用总行平台，与外部信托、保险资产等各类金融机构，探索通过信托合作、保险资金债权计划等方式解决公租房建设资金来源问题。2015 年 8 月 10 日，国家开发银行在银行间市场发行 2015 年第三期开元信贷资产支持证券，成为首款棚改贷款资产证券化产品。在自获准注册之日起 2 年，国家开发银行发起 100 亿元人民币棚户区改造项目贷款资产支持证券。

（二）住房公积金

自 1991 年上海首次试行住房公积金制度以来，我国住房公积金从“无”到“有”，从“有”到“多”，规模不断增加。2008 年 12 月 20 日，国务院办公厅下发《关于促进房地产市场健康发展的若干意见》，提出“为拓宽保障性住房建设资金来源，充分发挥住房公积金的使用效益，选择部分有条件的地区进行试点，在确保资金安全的前提下，将本地区部分住房公积金闲置资金补充用于经济适用住房等住房建设”。第一次正式提出以住房公积金贷款支持保障性住房建设。2009 年 10 月，住房公积金支持保障房建设启动试点工作，包括住房和城乡建设部在内的七部委在《关于利用住房公积金贷款支持保障性住房建设试点工作的实施意见》中明确，在优先保证职工提取和个人住房贷款、留足备付准备金的前提下，可将 50% 以内的住房公积金结余资金贷款支持保障性住房建设。这一新规扩大了住房公积金支持保障性住房建设的范畴，住房公积金不仅可以参与廉租房建设，也可参与经济适用房和限价房等保障性住房建设。然而，由于担忧过度运用住房公积金支持保障房建设会降低正常公积金贷款申领，相关措施并未立即付诸实践。

从 2011 年开始，随着我国大规模进行保障房建设，住房和城乡建设部开始着力推动公积金贷款支持保障性住房建设试点工作。年内首次确定了 29 个试点城市，并会同相关部门编制了项目贷款管理办法、财务管理办法、项目贷款业务规范、会计核算管理办法等制度规范，同时建设了项目贷款业务运行平台和运行监管系统，并试行住房公积金督察员制度，对试点城市住房公积金管理和试点项目建设开展督察。2013 年 1 月 16 日，全国公积金支持保障房试点再扩大，由首批的 29 个城市扩围至 93 个城市，290 个建设项目为新增试点项目，北京市等 18 个城市为新增贷款额度城市。据住房和城乡建设部统计，截至 2015 年年底，住房公积金缴存总额 89490. 36 亿元，缴存余额 40674. 72 亿元，累计发放个人住房贷款 2499. 33 万笔、53349. 74 亿元，累计发放保障性住房建设试点项目贷款 841. 29 亿元，累计回收试点项目贷款本金 530. 86 亿元，试点项目贷款余额 310.44 亿元。在保障性住房建设试点项目中，经济适用住房 225.92 亿元，棚户区改造安置用房 331.04 亿元，公共租赁住房 284.33 亿元①。

在已有的保障性住房建设资金来源中，住房公积金具有资金规模大、来源稳定、贷款低息、定向使用解决住房问题的特点，以住房公积金已有资金规模再集合其他资金渠道，能为新型城镇化提供规模大、可持续的稳定资金来源，因此以住房公积金支持住房保障体系建设，将会是我国长期探索的方向。

目前，各界对于现存住房公积金体系长期发展方向意见不一。但是在短期内，各界所存在的共识，在于应首先统一现有住房公积金管理体系，建立全国性的公积金运营平台。其理由主要有三点：第一，统一的运营平台有利于强化流动人口住房公积金管理，未雨绸缪地适应未来我国户籍制度改革后人口高度流动的状况；第二，统一的运营平台有助于消除地方对于住房公积金运用的干扰，确保其有效支持我国保障性住房建设；第三，统一的运营平台有利于将全国的住房公积金沉淀资金进行统一运用，平衡各地方公积金供需状况，发挥资金的规模效应。

四、商业金融机构

金融机构是保障房建设融资不可缺少的组成部分。除在我国金融体系中处于核心地位的商业银行之外，由于保险公司沉淀大量的资金，所以保险公司也被认为可以深度参与保障房建设融资。

（一）商业银行

银行信贷资金是保障性住房建设资金筹措中的一个重要来源。无论是棚户区改造还是开发商通过市场运作方式解决资金的经济适用房和限价房，银行贷款都是最重要的融资渠道。但是，商业银行普遍对保障房贷款缺乏热情且非常谨慎。2011 年，商业银行新增的保障房贷款占新增贷款的比例并不高，原因显而易见，商业银行是最大限度追求盈利的金融企业，

① 财政部：《全国住房公积金 2015 年年度报告》，财政部网站，http://zhs.mof.gov.cn/zhengwuxinxi/zonghexinxi/201606/t20160616_2327870.html。

根据安全性和收益性原则发放贷款是其稳健经营的必要条件，而保障性住房由于实行政府定价、限价，其投资回报率低，信贷利润偏低甚至亏损，而且资金回收周期长，贷款的抵押及贷款的还款来源等方面与普通商品房开发贷款相比风险较大，收益与风险不匹配，无法形成建设资金投入产出的良性循环，影响了商业银行参与的积极性。在当前宏观调控的背景下，商业银行信贷资源有限，又受存贷比等监管考核指标的制约，只能优先配置到收益相对高的项目上，很难向低收益的保障性住房建设项目倾斜，低微的收益难以有效覆盖风险和成本，这是商业银行进军保障房建设项目的最大障碍。

我国的主要商业银行均对保障房给予了特殊的信贷政策。中国建设银行表示，将根据国家政策和地方保障房工作重点，选择纳入政府统筹规划、收益良好的棚户区改造和保障房建设项目，适时介入，合理投放。2011 年，中国建设银行特别加大了对各地保障房的金融支持和服务能力，在信贷资源配置、客户选择、价格水平等方面实行了差别化信贷政策。同时，建行还加强与各级政府主管部门的合作，并加大金融服务创新的力度，积极探索债权融资、股权融资、投资基金等多种融资模式，多渠道拓宽保障性安居工程的融资渠道。中国银行表示，将继续加大对棚户区改造和包括公共租赁住房在内的保障房项目建设的金融支持，继续支持优质房地产企业开发满足居民首次置业和首次改善性置业需求的普通商品住房的融资需求，积极争取符合条件的房地产企业在银行间债券市场的债务融资业务，并在监管部门指导下探索房地产投资信托基金（REITs）业务。

（二）保险公司

沉淀的保险资金需要有更好的投资渠道，而保障房项目无论在社会效益还是经济效益方面都是可以接受的。根据中国保监会披露的数据，2016 年年末保险业的资金运用余额达到 133910. 67 亿元，较 2016 年年初增长 19. 78%。在保险资金运用余额中，银行存款 24844. 21 亿元，占比 18. 55%；债券 43050. 33 亿元，占比 32. 15%；股票和证券投资基金 17788. 05 亿元，占比 13. 28%；其他投资 48228. 08 亿元，占比 36. 02%[①]。

① 刘小微：《2016 年保险业总资产超 15 万亿元》，载于《金融时报》2017 年 2 月 25 日，第 001 版。

但是，保险资金的不断扩张伴随的是投资渠道的相对封闭，保险公司的投资重心还是停留在了银行协议存款以及债券投资上，尽管保险资金获准可以走入股票市场，但是目前来看基于风险安排并没有给保险资金带来太多实质的良性影响，其他投资渠道占比份额仍然非常小。同时，保险资金也缺乏能够带来长期稳定收益的投资项目。例如，2011 年保险资金投资收益率只有 3.6%，虽然在 2015 年上升到 7.56%，但是 2016 年又回落到 5.66%。

相对而言，保障房项目的投资可带来长期稳定的回报。投资保障性住房的债权投资计划投资期限一般较长，符合保险资金期限长的资金特点（尤其是寿险资金），债权投资计划可以和保险资金的久期相匹配，有助于实现保险资金的资产负债匹配管理。同时，从险资企业盈利需求来看，债权投资计划与股票、债券类资产相比，具有不同的属性特征，彼此之间相关性较小，有利于增强公司资产组合收益的稳定性。为此，保险资金已经逐步介入保障房领域。2011 年，保险资金在上海率先试点，将 5000 亿元投资保障房。保险资金度保障房项目的投资偏重债权投资，即险资企业以债权人的资格认购保障房建设筹资主体发行的债券或所设计债券投资计划。

五、房地产开发商

政府鼓励并引导房地产开发商参与保障房建设，并广泛采用 PPP（Public－Private－Partnership）模式来分担风险与收益。PPP 即公私合作模式，是公共基础设施中的一种项目融资模式。在该模式下，政府鼓励私营企业、民营资本与政府进行合作，参与公共基础设施的建设，从而实现合作各方达到比预期单独行动更为有利的结果。在 PPP 模式下，政府部门通过招投标等方式与私人投资者（一般由私人投资者组成特殊目的公司）签订合同，形成合作关系，共同运作建设项目。私人投资者在合同期内负责项目的筹资、建设、运营，政府提供资金或政策支持并与私人投资者建立相互协调共同决策的机制，以保障项目的顺利进行。

第二节 中国保障房建设融资的博弈模型

保障房融资涉及的主体众多，详细描述各个主体的行为并将其放在一个模型中是不现实的。为此，在构建保障房建设融资的博弈模型时，我们侧重考查两个博弈：一是政府与开发商的博弈，这主要是为了解决 PPP 模式中调动私人主体积极性的问题；二是政府、金融机构、开发商与被保障居民的合作机制演变博弈，这主要是解决保障房建设融资机制的可推广性问题。

一、政府与开发商的博弈

在政府与开发商的博弈中，开发商与政府的行动之间存在较为明显的次序。政府通常是先行动的一方，制定保障房建设的融资模式，并给予开发商一定的政策鼓励。由于保障性住房的投资大、投资回收期较长、收益率较低、运营成本高，房地产开发商更倾向于将资金投入到收益更高的商品房中，因而导致市场上保障房供给不足。所以，在实际案例中，对开发商的鼓励政策构成保障房建设融资模式的重要组成部分，如通过税收优惠及补贴等方式鼓励吸引房地产开发商参与到保障房的建设。开发商通常是后行动的一方，在完全了解政府提供的优惠后再决定是否投入到保障房建设中。因此，我们可以建立一个简化的完全信息动态博弈模型来分析政府与房地产开发商的博弈行为，并通过对纳什均衡的分析求出政府税收优惠的合理区间，即政府既不过多损失税收或过多增加财政补贴，又能鼓励民间资本进入到保障房开发中。

在政府与开发商的博弈中，双方可以视为具有完全信息的行动者。对政府而言，开发商的行为可以简单地分为“开发”和“不开发”，即是否参与保障房开发，并且政府也了解开发商的主要成本结构；对开发商而言，政府的行动可以简单地分为“鼓励”和“不鼓励”，即是否对开发保障房项目的开发商进行补贴或给予税收优惠，并且由于政府的鼓励政策均以公开的政策渠道发布，所以开发商了解政策优惠的力度。政府与开发商之间会就开发保障房项目的鼓励政策进行谈判，彼此的目标也是双方的共同知识：政府追求声誉或社会福利，开发商追求利润。

基于以上分析，我们将政府吸引开发商开发保障房项目的博弈描述为完全信息动态博弈，并以决策树形式表述，如图 3－1 所示。

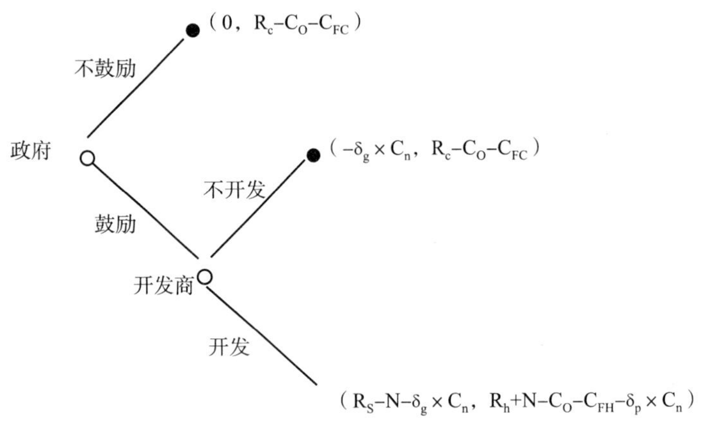

图 3－1　PPP 模式下完全信息动态博弈

在此模型中，政府可以选择鼓励与不鼓励项目，假设 R_S 为鼓励保障房项目后产生的社会效益，N 为政府为开发商提供的政策优惠，C_n 为总的谈判成本，δ_g 为政府的谈判成本系数。其中，C_n 与保障房融资模式和项目规模相关，对特定保障房项目而言可视为固定值，δ_g 则用来衡量政府在吸引开发商时付出的谈判成本。如果政府选择鼓励项目，则其收益为政府声誉及社会福利的提高即 R_s，而成本则是谈判过程中产生的成本 $\delta_g \times C_n$ 以及为鼓励开发商投标而制定的政策优惠 N，包括税收优惠与政府补贴等政策措施。如果政府选择不开放项目，那么开发支付为零。

房地产开发商对于政府保障房项目可以选择开发与不开发。假设 R_c 为开发商投资于商品房的项目收益，R_h 为开发商投资于保障房的项目收益，其中 $R_c > R_h$。C_O 为建设和运营保障房或商品房的成本，C_{FH}、C_{FC} 分别为保障房与商品房建设的融资成本，其中 $C_{FH} > C_{FC}$。开发商的谈判成本与政府的谈判成本成正比，其中，δ_p 为开发商相对于政府的谈判成本系数，用以衡量开发商争取政府鼓励政策时所付出的谈判成本。如果企业选择开发，则其收益为保障房的租金或出售的价款 R_h 以及政府给予的政策优惠 N，成本为保障房的建设和运营成本 C_O、融资成本 C_{FH} 以及谈判成本 $\delta_p \times C_n$。如果企业选择不开发，那么企业就可以对商品房进行投资，收益为 R_c，成本包括建设和运营成本 C_O、融资成本 C_{FC}。

运用逆向归纳法可以很容易地求出这一博弈的子博弈精炼纳什均衡。我们首先从第二阶段即开发商的选择来分析博弈模型，开发商若选择开发，必有：

$$R_h + N - C_O - C_{FH} - \delta_p \times C_n > R_c - C_O - C_{FC}$$

得：

$$N > (R_c - R_h) - (C_{FH} - C_{FC}) + \delta_p \times C_n$$

基于第二阶段的子博弈均衡，政府在第一阶段选择是否鼓励项目，若政府选择鼓励项目，必有：

$$R_s - N - \delta_g \times C_n > 0$$

得：

$$N < R_s - \delta_g \times C_n$$

因此，如果将政府和开发商的行动组合（鼓励，开发）作为该完全信息动态博弈的子博弈精炼纳什均衡，则需满足的条件为：

$$(R_c - R_h) + (C_{FH} - C_{FC}) + \delta_p \times C_n < N < R_s - \delta_g \times C_n \qquad (3-1)$$

在政府与开发商的博弈中，这一条件即为保障房项目能够顺利开发的前提。该条件表明，为保证开发商意愿进行保障房开发，并且政府意愿提供鼓励政策，政府给予开发商的政策优惠必须处于一定边界之内，即大于保障房与商品房的项目收益差异、融资成本差异与开发商所付出的谈判成本之和，并小于保障房项目的社会福利与政府所付出的谈判成本之差。如果政府资金有限，能提供的政策优惠 N 受到限制，则在保障房项目的社会福利，以及保障房与商品房的收益为既定值时，需要尽可能地缩小开发商与政府所付出的谈判成本，并提高保障房项目的融资成本优惠①，以保证政府所提供的政策优惠 N 能够对开发商提供有效的激励。

二、合作机制演变博弈

由政府与开发商的博弈模型可以发现，谈判成本是能否促成政府与开发商在保障房领域合作的关键问题。一个自然的设想是控制谈判成本，使之逐渐降低，甚至趋向于零。但是，对保障房建设融资中合作机制的博弈分析表明，谈判成本会维持在某个大于零的水平，并且随着谈判成本的上升，可能不存在有效的政府激励。

这一结论基于两个假设：一是谈判成本是有回报的，对应着保障房建设中的社会福利和成本分配，通过付出更高的谈判成本，保障房建设融资主体可以分得尽可能多的社会福利并承担尽可能少的建设与融资成本；二是谈判成本的下降更多地体现为谈判过程中程序的精简，而不是个别谈判环节中的成本下降，因此，在谈判成本的下降过程中，参与主体可选的谈判次序减少，甚至被排除在谈判过程之外，成为谈判结果的被动接受者。

从各国的保障房建设模式中，可以发现住房保障同时属于中央政府和地方政府的职责范围，所以呈“中央政府—地方政府—私人主体”三方负担的模式。其中，中央政府主要体现为规划者，并负担部分的保障房建设与融资成本，而私人主体可以进一步分为开发商和被保障的居民，开发商建设保障房，取得收益并负担部分成本，被保障的居民则是政府所提供的住房保障服务的享受者，分得住房保障所产生的社会福利，并承担部分成本。为此，我们将政府与开发商的合作博弈进行扩展，引入被保障的居民，并将政府拆分为中央政府与地方政府两个主体。合作博弈主要在地方政府、开发商与被保障居民之间展开，中央政府监督博弈的进行，并最终认可博弈的结果，如图 3 -2 所示。

---

① 由于保障房融资成本通常小于商品房，所以公式（3 -1）的左侧第二项通常为负。

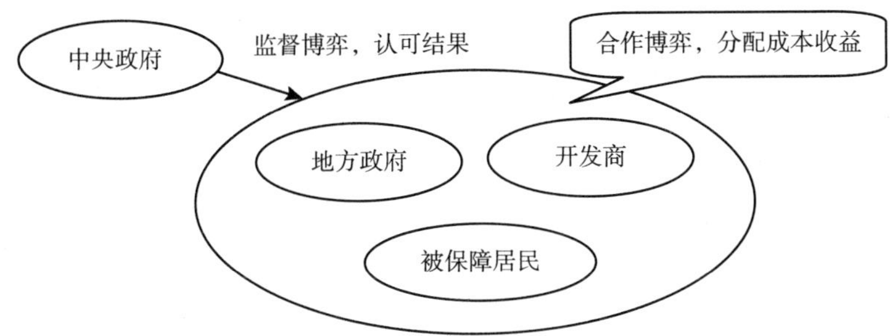

图3－2　扩展后的政府与开发商合作博弈

对于地方政府、开发商与被保障居民的合作博弈结果，我们引入沙普利值（Shapley Value），所谓沙普利值，即按照参与者对合作过程的平均边际贡献来分配合作的收益，如下：

$$\Phi(v):=\frac{1}{n!}\sum_{\sigma\in\pi(p)}m^{\sigma}(v) \quad (3-2)$$

其中，v为该合作博弈产生的总收益，$\Phi(v)$ 为对总收益的一个分配，也是该合作博弈的解——沙普利值，是博弈参与者所分得的期望支付所组成的支付向量，n为参与者的个数，$\pi(N)$ 为参与者集合P中n个参与者组成的排列集合，σ 为其中的任意排列，$m^{\sigma}(v)$ 为参与者在某个排列 σ 中的边际贡献，即对某个参与者而言，在排列 σ 中的前方参与者已经加入合作之后，该参与者再加入时可以带来的边际贡献。这样，沙普利值实际上衡量了参与者在不同环节中加入合作给合作整体带来的期望边际贡献。

从沙普利值的表达式（3－2）可以看出，参与者所分得的收益取决于两个基本因素：一个是参与合作的可能次序，另一个是在每个参与次序中所作出的边际贡献。因此，作为对沙普利值的改进，我们将 $\pi(N)$ 的定义改为参与者集合P中n个参与者“可以实际实现”的排列，这个排列取决于参与者各方所愿意付出的谈判成本，如下：

$$\Phi(v):=\frac{1}{n!}\sum_{\sigma\in\pi(p,\,c_n)}m^{\sigma}(v) \quad (3-3)$$

其中，C_n 为总的谈判成本，并在各个参与者之间分担。我们认为，参与者越会在谈判中援引更多有利于自身的合作次序方案，以提高自身在合作中的期望边际贡献。并且，无论是推出有利于自身的合作次序方案，还是排除不利于自身的合作次序方案，都会提高谈判成本。为简化分析，我们只考虑参与者付出谈判成本来引入合作顺序方案，而不考虑参与者付出谈判成本来排除合作顺序方案。这样，我们可以将博弈扩展为三部分：第一部分是地方政府、开发商与被保障居民对合作次序方案的非合作博弈，每个参与者选择付出谈判成本，以引入有利于自身的合作次序方案；第二部分是地方政府、开发商与被保障居民的合作博弈，建立在各个参与者付出谈判成本所引入的合作次序方案集合上，用于分配合作后的成本收益；第三部分是中央政府与地方政府等主体进行的非合作博弈，选择是否认可博弈的结果，如图 3－3 所示。

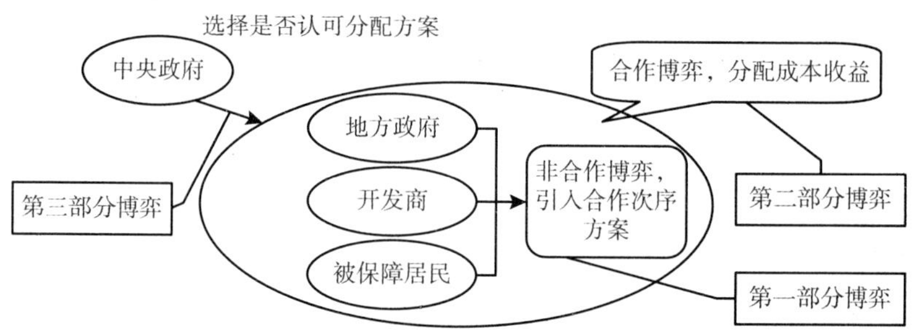

图 3－3 进一步扩展后的政府与开发商合作博弈

首先看第一部分博弈，地方政府等参与者付出谈判成本来选择合作次序方案。这一博弈的关键在于参与者愿意付出多大的成本。为便于分析我们由两个参与者（开发商与被保障居民）的博弈开始分析，并将结果自然推广到三个参与者的博弈。作为简化的博弈，假设开发商与被保障居民均不付出谈判成本，则其收益分别为 R_1 和 R_2。如果其中一方付出谈判成本并选择有利于自身的合作次序，则该方可以获得全部的收益并减去其谈判成本，另一方则毫无所得。但是，如果双方都付出谈判成本，则双方维持原先的收益并减去各自的谈判成本。开发商与被保障居民的支付矩阵如表 3－1 所示。

表 3-1　　开发商与被保障居民的支付矩阵

		被保障居民	
		进行谈判并付出谈判成本	不谈判
开发商	进行谈判并付出谈判成本	(R_1-C_1, R_2-C_2)	$(0, R_1+R_2-C_2,)$
	不谈判	$(R_1+R_2-C_1, 0)$	(R_1, R_2)

注：C_1 为开发商付出的谈判成本，C_2 为被保障居民付出的谈判成本。

当谈判成本小于参与者的收益时，这一博弈是典型的囚徒困境状态，其纳什均衡解为（进行谈判并付出谈判成本，进行谈判并付出谈判成本）。我们注意到，谈判成本的额度是参与者可以自行决定的，所以双方均会从零开始增加谈判成本，直到其中一方的付出的谈判成本已经达到其收益。因此，谈判成本不但不会为零，反而会增加到较高的水平。

将两个参与者的博弈自然推广到三个参与者的博弈，仍会维持囚徒困境状态并由各方付出谈判成本。因此，在第一部分博弈中，参与者各方均会付出一定的谈判成本，并且只有有利于收益较高参与者的行动次序会被引入第二部分的合作博弈。

接下来看第二部分博弈，参与者分配成本收益。这一合作博弈的解，与沙普利值有相似的表示，如公式（3-3）所示，但是由于只在第一部分博弈所选择的合作次序方案中考虑边际贡献，所以所得出的分配方案实际上是“不公平”的，收益较少的参与者对合作的边际贡献被严重地忽视了。

第三部分博弈则构成一个控制机制。如果边际贡献被严重忽视的一方是被保障群体，那么类似于图 3-1 所示的动态博弈，中央政府会发现社会收益严重下降，从而不认可第二部分博弈所得出的分配方案。此时，政府与开发商之间会进行谈判，并产生与第一部分博弈的总谈判成本 C_n 正相关的新的谈判成本，仍设 δ_g 为政府的谈判成本系数，δ_p 为开发商相对于政府的谈判成本系数①，则当政府与开发商的谈判渠道不畅时，δ_g 和 δ_p 均会达到较高水平，直至如下：

$$\delta_p \times C_n + \delta_g \times C_n > R_s - (R_c - R_h) - (C_{FH} - C_{FC})$$

① 此处的谈判成本系数与图 3-1 中的设定不同，但是博弈的结果相似，可以用同样的公式表达。

此时，

$$(R_c - R_h) + (C_{FH} - C_{FC}) + \delta_p \times C_n < N < R_s - \delta_g \times C_n$$

不存在满足公式（3－1）的政府激励 N。

综合三部分博弈的结果，可以得出如下结论：保障房建设项目会带来大量的谈判成本，并且当谈判成本高于一定程度时，保障房建设项目将解体并停止运作。

各国的保障房建设实践基本证实了以上的博弈结果。凡是保障房项目运行比较好的时期，均是住房保障问题比较严重的时期。这一时期的保障房建设可以给被保障居民带来比较高的收益，所以被保障居民能够付出更高的谈判成本来选择较好的保障房建设合作次序，并且被保障居民的较高收益也对应着较高的社会收益 R_s，存在允许公式（3－1）中政府激励 N 的空间。但是，当最严峻的住房保障时期过去之后，被保障居民不再有动力付出更高的谈判成本，政府也不再获得更大的社会福利，这时保障房建设项目便纷纷中止，让位于需求端的住房保障方案。

第三节　中国保障房建设融资的基本模式

经历 10 余年的城市房价上涨，以及大量城市棚户区的存在，我国仍处于住房保障需求比较迫切的时期，供给端的保障房建设得以较快发展，并且趋向于建立较为固定的模式。

一、保障房建设融资模式的理论探讨

在我国现阶段房价与人民收入水平相差悬殊的背景下，为了使人民安居乐业，社会健康发展，我国政府不断出台保障性住房相关的新举措，加强保障房建设力度。然而在这一进程中，政府也面临着困难和挑战，这在保障房融资方面表现得十分突出。为此，我国理论界研究学者对保障房融资模式进行了细致的讨论。

（一）融资模式的选择

在资金来源即保障房融资模式的选择方面，在目前来看，我国保障性住房的资金主要来自3个渠道：财政住房公积金、银行贷款、土地出让净收益（陈杰，2010）。此外，有学者认为，没有政策扶持或其他外力支撑的情况下，保险资金介入保障房建设的融资不符合市场逻辑。只有“保障房+政策扶持或其他外力支撑”符合保险资金选择对象的基本条件时，确认保险资金参与保障房建设的融资模式才有意义（张代军等，2011）。洪明（2010）也探讨了保险资金用于廉租房建设的必要性和可行性，并分析了保险资金以BOT方式投资廉租房建设的优势和风险。

在创新融资模式即拓宽保障房融资渠道方面，随着国内保障房制度的不断推进，国内保障房融资模式的创新探索可以同时朝着银企政三方合作模式、BT模式、住房公积金融资模式、保险资金融资模式、REITs融资模式、企业债券融资模式迈进（陈杰，2010；施婧怡，2013）。成楠、梅昀（2010）认为应当引入类似于公路、铁路、港口等大型公共基础设施项目的融资方式，比如PPP（Public Private Partnerships）融资方式和BOT（Build Operate Transfer）融资方式。巴曙松、王森、张旭（2006）则提出在保障性住房建设中通过房地产证券化来融资，吸收国外成功的经验来推进保障房建设的进程。张玉梅等（2011）指出债券融资支持保障房建设的拥有可行性，并且地方政府债、中期票据、企业债等在保障房融资中拥有实践经验，提出了增加财政补贴、在海外发债、加强市场约束机制、与原有地方投融资平台完全隔离等完善债券融资支持保障房建设。此外还有学者通过文献归纳法和对比分析法专门对国内外廉租房融资模式的相关文献进行了梳理和评述，分析了政策型、吸收民间资本型、金融创新型三种廉租房融资模式（刘瑜婷等，2012）。

（二）融资中的难点与解决思路

在学者的相关研究之中，一些侧重于融资问题的原因研究。汪利娜（2011）通过多层面梳理美国住宅金融体制演变过程，着重剖析“两房”（即房利美和房地美）和美国证券化的影响及相互关系，并且针对中国当下具体情况，解释了保障房融资难的原因。王千（2011）认为我国房地产金融发展远落后于房地产市场的发展，迫切地需要改革以完成政策性房地产金融与商业性房地产金融并举的双重职能。并通过美国、英国、新加坡和日本四国的融资模式为中国政策性房产融资提供新的发展思路。

一些研究给出了相关的解决方法及建议，但多止于理论层面。郭建鸾（2008）借鉴了美国、德国和新加坡保障房建设的经验，提出了我国廉租房的若干种可选融资模式。陈杰（2010）回顾了我国保障房建设的进程，认为我国保障房融资需要多元化的融资思路和资金来源，并介绍了荷兰和法国的成果模式予以启迪。路君平、糜云（2011）分析了我国保障房建设现状，认为由于面对较大的偿付压力，保障房建设的融资问题尤为突出，需要逐步拓宽融资渠道，进行金融创新，并充分发挥商业银行、保险市场以及债券市场的功能，确保我国保障房建设的可持续性。刘芹（2011）从阜阳市保障房建设的困境入手，分析了融资瓶颈形成的因素，结合国外相关实践对我国保障房制度提出了针对政策顶层设计的建议。王林（2012）认为保障房融资问题的解决需要加大部分地区的地方财政投入，并调整部分地区地方债券所占比重，提高土地出让金对资金筹集的贡献作用，在促生多样化的融资手段的过程中加强金融风险的防控，才能更好地促进其健康发展。陈杰（2011）就保障房融资的担保体系的难点给予说明，最后结合现状提出了相关可行性建议。巴曙松、牛播坤和杨现领（2011）分析了美国保障房政策的三大计划的演变，并以此为经验，针对我国保障房建设处于初期阶段这一现实提出需要明确的四个政策边界。韦颜秋（2012）通过国际经验和市场化经验两个角度对我国保障房融资体系的构建提出建议，认为我国需要从以政策配套体系为重点的投资环境改善入手，依托强有力的独立专门保障房建设机构，安排银行系统充分介入，运用多元化融资渠道提高社会资本增加保障性住房供应的积极性。刘秉军（2010）以新加坡的经验为例，总结了新加坡保障性住房的土地获取和资金筹集方式，提出在我国保障房融资渠道中加强证券发行和信托基金的作用，以达到融资形成长期良性循环的目的。冯辉（2013）分析了美国保障房建设进程中的经验与教训和我国保障房融资现状，并从供求角度对我国保障房融资创新、风险控制以及相关立法作政策性建议。总的来看，由于保障房融资是当前的政策热点，并且融资模式尚未完全确定，所以各个主要的融资渠道都在试图进入保障房融资领域。

（三）金融创新工具的选择

针对具体的保障房融资的金融创新工具，学者们有以下一些成果：巴曙松、张旭、王淼（2006）分析了廉租房建设融资的创新趋势，并对融资创新的新发展路径做了总结，包括：房地产证券化、房地产租赁、房地产信托投资基金（REITs）、项目融资和住房建设公债。何芳、王宁（2007）介绍了廉租房建设融资的公私合作（PPP）模式、信托投资基金（REITs）、证券化模式和租赁模式等新型金融工具。组晓青（2011）针对安阳市的保障房建设展开研究，认为资金、公积金运作不规范、缺乏政策性担保体系是保障房融资运行的很大障碍。需要从多方面进行调整和改革，包括采用 PPP、PFI 等新型融资模式。曾广录（2011）针对保障房的融资难和管资难两大问题，运用博弈论和经济学原理进行理论分析，又以现实情况作经验分析，提出了弥补融资不足的主要方法途径。高小慧、任旭（2012）对建筑—移交（BT）模式在保障房建设融资中的应用进行分析，简述其优缺点，并基于此提出了新型的引入第三方的融资模式以解决其现有困境。陈华、张梅玲（2012）认为面对现今融资困难的问题，将公私合作（PPP）引入保障房融资既有其必要性也有其可行性，并且提出了相关的制度安排以保证其有效运行。孙哲峰（2012）创新性地提出了“政府主导产业基金＋商业信托计划”的融资路径，并按照前、中、后三个阶段加以分段解析，整合形成了一条完整的保障房滚动开发建设链条。何元斌、王雪青（2013）认为，保障房融资的金融创新不足是保障房发展的一大制约，并借鉴了日本、美国及欧洲多国的相关成功经验，提出了采取多元融资模式以及促进资金贷款证券化的金融工具。蒋松怡（2014）从银行间债券市场、银行非保本理财资金和信托贷款三方面介绍了在融资实践中，可供保障房建设的创新融资模式。

上述的文献中，学者们均针对我国现阶段保障房融资难进行了研究，并借鉴了很多国外成熟经验作对比。他们普遍认为资金瓶颈是解决保障房建设问题的一个最大障碍和难点。部分研究对该问题的解决提供了理论和政策建议，其中多为我国需要多元化的融资渠道，充分发挥资本市场的功能，建立健全金融风险防控机制，成熟相关立法。一部分学者更为具体地提出了金融工具，如PPP、BT、REITs等，为融资模式扩展注入了新的思路。但总体而言，相关成果仍旧不多，方法也较为局限。

二、保障房建设融资模式的实践

作为重大的政策举措，保障房建设的实践是走在理论之前的。相对于理论界研究学者试图引进新融资渠道与新融资工具的倾向，实践中更注重利用将现有的金融工具直接用于保障房建设融资。

（一）保障房建设的融资工具

综合现有资料，保障房建设的融资工具主要有以下8种：

1. 银行贷款

银行贷款具有期限长、融资成本相对较低等优势，是目前的主要融资方式。

2. 住房公积金

作为互助性住房储蓄，公积金规模大、储蓄周期长、回报率要求相对较低，与保障房等项目的资金需求相匹配。

3. 保险、社保资金

保险、社保资金的规模巨大，可成为保障性安居工程稳定、充足的资金来源。

4. 融资租赁（售后回租）

融资租赁是指企业将其拥有并有权处分的资产出售给租赁公司，然后租回的融资方式，具有可为已建成项目提供融资的特点，是国际上房产融资的有效手段之一。

5. 企业债和公司债

企业债和公司债的发行分别由发展改革委、证监会负责审批，是向社会或特定投资人发行的债务融资工具，审批程序相比传统融资更为简便，不受贷款规模限制，是目前发展最为快速的保障房直接筹资工具。

6. 中期票据

中期票据由具有法人资格的非金融企业按照计划分期发行，约定在一定期限还本付息的债务融资工具。相对于企业债，中期票据的发行条件相对宽松，完全靠信用支持，无须担保，在注册有效期限内可以分次发行，有利于资金筹措安排与工程进度相匹配。

7. 股权投资

股权投资具有提供股本金、改善负债结构等优势，可以满足企业在不同发展阶段的多种融资需求。

8. 地方政府债券

地方政府债券由财政部代理发行，可用于各地支持保障性安居工程建设。

（二）政府融资平台模式

1998 年的中国房地产改革虽然制定了房地产市场要以商品房和保障性住房两条腿走路的改革方向，但很显然这些年片面追求市场化而忽视了保障性住房的建设。2007 年，国务院发布了《关于解决城市低收入家庭住房困难的若干意见》，保障性住房才真正作为重大的政策举措予以推进。然而，保障房建设存在着大量的“历史欠账”，并且建设资金存在巨大缺口。财政资金，尤其是作为土地财政主要组成部分的土地出让金被作为首要的资金来源，2007 年，财政部在《廉租住房保障资金管理办法》中规定，从 2008 年 1 月 1 日起，地方各级财政部门要从土地出让净收益中按照不低于 10% 的比例安排用于廉租住房保障。但是总体来看，在地方政府整体财政吃紧的背景下，各级政府为保障房提供的财政资金“捉襟见肘”，使地方政府承担巨大的财政压力。

从保障房建设资金的成分来看，目前国内保障性安居工程资金的主要构成包括中央和各级政府的补助资金、专项资金和配套资金，以及通过各种融资渠道吸收到的资金。具体来看，国内保障性住房融资渠道主要有两个：权益性融资和债务性融资。其中权益性融资主要有优先股权融资和合作开发融资；债务性融资主要有银行贷款、社保资金、保险资金、资产证券化、公募债以及私募债融资等。

地方政府在执行层面已经探索出了不少有价值的多元化的融资和建设模式，可以在规范的基础上加以推广。目前比较常见的创新模式是：一是，配建模式。以土地储备、配建商业、公租房周边商品房开发权限为基础资产，进而寻求短期资产与短期负债的匹配，吸引房地产企业、民间资金参与。二是融资平台和企业债，以地方政府注入的土地资产、中央及地方政府的专项资金、中央对地方的转移支付资金为公租房项目的基础资产，吸引商业银行通过保障房融资平台提供信贷资金和发行企业债。这是当前不少地方政府积极探索的主要模式，也是金融监管机构重点支持的模式，具体的操作特点是：其一，地方政府或地方国有企业以财政专项资金和土地资产注入的形式成立专属的保障房融资平台；其二，银行信贷投放的关键并非取决于公租房项目本身的收益，而是取决于保障房融资平台的土地资产价值和财政注资金的规模；其三，信贷本息的偿付来源主要不是公租房的租金收入，而是中央对地方转移支付的财政资金，这一点使得银行所承担的风险与公租房项目实现隔离。同时，从中央鼓励的方向看，保障房融资平台债券或将成为债券市场的新生角色。结合政府大力发展债券市场的意图，这一品种可能会在审批等环节获得大力支持，从而成为平台融资的重要途径。

在中央政府的宏观指导下，地方政府积极自主创新探索。如辽宁省在棚户区改造中形成了“九个一块”资金募集渠道，成为各地竞相学习的经验。浙江省于 2015 年 5 月 4 日成立浙江建融投资发展有限公司，作为浙江省省级棚户区改造融资平台，负责对浙江省旧住宅区、危旧房、城中村改造项目以及安置房建设项目提供政策性的转贷融资业务。2015 年 8 月，华泰证券发行首单棚改 ABS，以棚户区拆迁安置保障房信托受益权为基础资产的产品，即扬州保障房信托受益权资产支持专项计划，间接为棚改提供融资等。

（三）房地产信托投资基金模式（REITs）

REITs 起源于美国 20 世纪 60 年代早期。目前全球共有 20 多个国家拥有上市 REITs，包括美国、日本、韩国、澳大利亚、新加坡等国家，其中在美国发展最为成熟。1960 年，美国国会通过《不动产信托投资基金法》确定 REITs 的组织形式。目前，这一融资模式已经成为融资模式创新的热点。

1. REITs 的含义

所谓“REITs”，就是一种采用公司或信托基金的形式，通过发行收益凭证的方式集中广大投资者持有的资金，然后将这些资金交由专门的投资机构经营管理，选择不同的房地产项目、证券和业务组合使投资多元化，并按一定的比例为投资者分配综合收益，以实现共同分享房地产项目投资收益的信托方式。换言之，主要就是把流动性较低的、非证券形态的房地产投资，直接转化为资本市场上证券资产的过程。本质上，REITs 就是一种专门投资房地产的投资基金。但与一般的房地产投资基金不同，REITs 运用更多的是公募形式的证券化投资，其票据的定价跟股票相类似，都是基于当期资产价值和未来收益。而且，在收益分配上又与股票不同，REITs 的大部分收益用于分红。除此之外，REITs 通常还能获得政府税收优惠或者税收抵免。

2. REITs 的分类

REITs 可以根据设立的组织形式、募集资金的投向、资金募集的方式区别及发行的收益凭证可赎与否等四种方法来分类。

（1）根据设立的组织形式分类：契约型和公司型。公司型 REITs 是由具有相同投资目标和相似投资特性的企业或个人形成的公司聚合体。投资者通过购买公司股份成为股东，可通过出席股东大会、选举董事会成员等方式参与公司的重大经营决策，并由公司董事会行使公司的法人财产所有权。公司通过内部自设管理人或委托外部独立的管理公司对公司资产进行投资管理。董事会对公司的经营和管理活动进行监督，如图 3－4 所示。

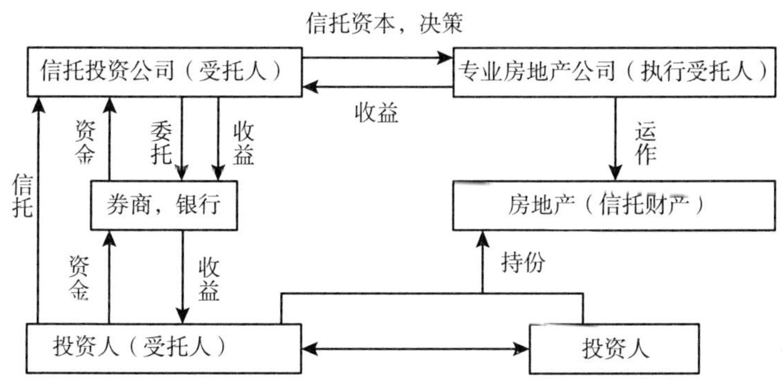

图 3－4 房地产投资信托（公司型）运作模式

契约型 REITs 投资者以委托人（受益人）的身份通过份额持有人大会，委托受托人（通常也是 REITs 管理人）行使经营管理权，委托人和受托人以信托合同为基础行使各自的权利并履行义务，如图 3 – 5 所示。

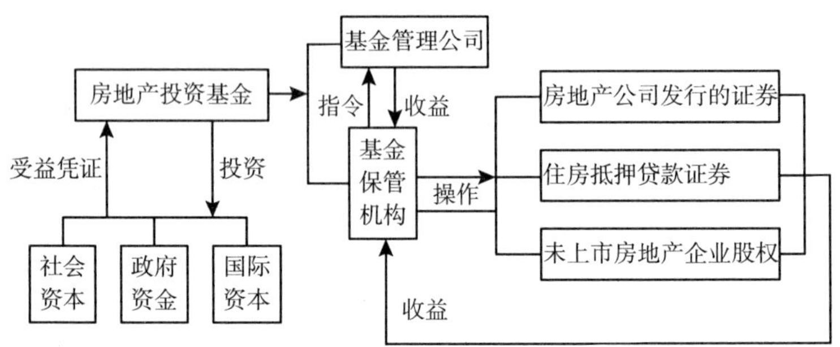

图 3 – 5　房地产投资信托（契约型）运作模式

从法律层面来看，公司型自然遵循公司法，并且基金公司具有法人资格，而契约型遵循信托法，基金公司无法人资格。从发行凭证上来看，公司型发行股票（信托关系加所有权凭证）而契约型发行受益凭证。从投资者地位来看，公司型投资者作为基金公司的股东收取股息，契约型投资者是信托契约当事人，凭受益凭证获取收益。从融资渠道来看公司型可以向银行贷款而契约型不能。从投资基金具体运作来看，前者基金公司具有永久性，根据《公司法》进行破产清算，后者建立和运作依据信托契约，契约期满基金营运终止。

（2）根据募集资金的投向分类：权益型、抵押型和混合型。权益型 REITs 直接投资同时拥有房地产，公司主营收入来自基金拥有的房地产经营收入。抵押型 REITs 在市场中扮演金融中介的角色，它将募集资金用于发放房产抵押贷款，而房产经营者抵押房地产借入长期贷款，它是以房地产贷款利息收益和发放抵押款获得的手续费为收入的主要来源，还包括少部分从发放参与型抵押贷款中取得的抵押房地产租金及相关的增值收益。混合型既从事房地产权益投资又从事房地产抵押贷款。从美国情况来看，权益型 REITs 占绝对主导地位，其次是抵押型 REITs。混合型 REITs 的重要性相对较低。

（3）根据资金募集的方式分类：公募与私募。私募 REITs 则是向少数特定投资者非公开发行受益凭证募集资金，且投资于房地产一种房地产投资信托基金，它的范围相对较小，融资数额有限，监管程度较宽松，运作灵活。公募 REITs 指以向公众投资者公开发行受益凭证募集资金的一种房地产投资信托基金。这种公开募集的面向对象更广泛，投资品种、比例、类型有严格限制，流动性也更强。

（4）根据发行的收益凭证是否可赎回分类：开放式与封闭式。从可赎回性角度来看，封闭式投资基金资本总额固定不变，基金份额不能赎回，而开放式投资基金资本总额可变，基金份额可以赎回。从买卖方式及费用来看，封闭式投资基金发起设立时，向基金公司购买；基金发行完毕，在证券市场购买，费用高于开放式。从投资风险来看，封闭式的价格随市场变化而变化，风险较开放式更大。从管理难度来看，开放式投资基金由于规模的不确定性导致了管理难度较大。除此之外，封闭式投资基金适合规模小且开放程度低的市场，而开放式投资基金则不然。

3. REITs 的优势

信托公司曾经为我国商品房开发提供了大量融资。随着我国商品房市场日益发生变化，不同地区住宅市场出现分化，信托公司的经营风险受到市场高度关注，信托公司逐渐开始调整房产信托业务策略，规避房地产市场的风险。与此同时，我国保障房建设则需要较多融资，保障房项目由于背靠政府支持，没有销售不畅的瓶颈，且投资运营主体大多为国有企业，安全性较高，这两方面因素使得信托公司以金融手段支持保障房开发，具有较高的契合性。除此之外，信托在支持保障房开发方面具有若干独特的优点。

从融资方式来看，信托公司可以提供债券、股权投资、租赁多种手段参与保障房项目的建设与运营。对于建设难度较大（资金量大，时间长）的廉租房、公租房项目，信托公司可与地方国企成立合资公司成为业主，并聘请专业运营公司提供日常服务（招租、收租、维修等）。这些手段都是银行无法操作的。

通过发展保障性住房房地产信托投资基金，可以吸引社会资金，尤其是吸引保险资金和社保资金参与保障性住房投资。一方面，巨额的保险资金和社保资金由于投资收益率较低，急于寻找合适的投资途径；另一方面，庞大的保险资金和社保资金又构成保障性住房潜在的资金来源。可以借鉴国内其他省市区保障性住房房地产信托投资基金的成功经验和做法，通过制定优惠政策和加强财政资金的支持力度，积极发展保障性住房房地产信托投资基金，吸引社会资金，尤其是大力吸引国内保险资金和社保资金投入到保障性住房的建设中来。

从融资规模来看，保障房信托业务可以发挥信托公司募集大资金的优势，没有银行的资本充足率等指标约束，类似发行债券，非常灵活。信托公司汇集社会闲置资金参与保障房建设，一方面可减轻地方政府、银行的压力，另一方面又为投资者提供了适中收益率的理财产品。对于信托公司而言，参与保障房项目的风险较小，符合当前房地产形势。

4. REITs 的运作

从产品结构上看，信托资金进入保障房项目的形式主要有贷款型信托、股权型信托、混合型信托、收益权型信托四种模式。从已发行的信托产品来看，贷款型信托占比较大。不同类型的信托结构具有不同的特点，如表 3－2 所示。对于不同的保障房类型，信托资金所能起到的支持性作用也不一样。

表 3－2　保障房融资渠道特征分析

类型	项目要求	风险控制	退出方式
贷款型	“四证”齐全 自有资本金达到35% 二级以上开发资质 项目盈利能力强	资产抵押（土地、房产等不动产，抵押率一般在50%左右）、股权质押、第三方担保、设置独立账户	偿还贷款本金
股权型	股权结构相对简单清晰、项目盈利能力强	向（项目）公司委派股东和财务经理、股权质押、第三方担保	溢价股权回购

续表

类型	项目要求	风险控制	退出方式
收益权型	（1）业已建成，产权清晰，证件齐全；（2）能产生稳定的现金流，如商场、写字楼、酒店等租赁型物业	（1）通常设置一般受益权和优先受益权，分别由开发商和投资者（信托计划）持有；（2）回购承诺及第三方担保	开发商溢价受益权回购
类型	融资金额	融资期限	融资成本
贷款型	视开发商的实力、项目的资金需求及双方的谈判结果，从几千万元到几亿元不等	以1~2年居多，最近也出现了5年期甚至更长期限的信托计划	一般高于同期银行法定贷款利率，目前在6%~10%居多
股权型	视项目的资金需求及双方的谈判结果	以1~2年居多，最近也出现了5年期甚至更长期限的信托计划	一般高于同期银行法定贷款利率，目前在6%~10%居多
收益权型	视信托财产的评估价值，一般在其评估价值的50%左右	以1~2年居多，最近也出现了5年期甚至更长期限的信托计划	一般高于同期银行法定贷款利率，目前在6%~10%居多

资料来源：根据工行投行研究中心资料整理。

总的来看，保障房信托在2012年迎来了爆发式增长，到了2013年，部分项目出现了政府回款不到位、销售也困难等情况，信托公司对于保障房项目的态度日益谨慎。只要选择实力强、信用好的开发商，筛选出规范的保障房项目，信托公司依然是有机会的。近期信托公司宜以经适房、动迁安置房融资为切入点，远期则以支持廉租房、公租房为发展主流。

目前的REITs设计有央行版与证监会版两种，我们以央行版的融资结构进行说明。央行的REITs方案为债权版，委托方为房地产企业，受托方为信托公司，通过信托公司在银行间市场发行房地产信托受益券。受益券为固定收益产品，在收益权到期的时候，委托人或者第三方应该按照合同的要求收购受益券，作为结构性产品，可以按照资产证券化的原理，通过受益权分层安排，满足风险偏好不同的委托人与受益人，如表3-3所示。

表 3-3　　　　REITs 相关规定

时间	名称	部门	内容
2008 年 3 月	《信托公司房地产投资信托业务管理办法（草案）》	银监会	《办法》对发行 REITs 的信托公司资质、审批的文件、投资领域及监督机制等做了详细的阐述，包括：(1) 任意五个以及五个以下信托单位持有人合计持有的信托单位份额，不得超过信托单位发行总份额的 50%。(2) 房地产投资信托计划投资的房地产项目的原始权益人持有的信托单位份额不得超过信托单位发行总份额的 15%。(3) 信托计划的收益分配，应当以现金形式每年至少分配 1 次，且分配比例不得低于信托计划净收益的 90%。(4) 房地产投资信托计划可以对外负债，但负债率不得超过信托财产净值的 20%
2008 年 12 月	"金融国九条"	国务院	这是房地产信托投资基金在国务院会议的首次亮相，房地产信托投资基金首次在国务院层面作为一种拓宽企业融资渠道的创新融资方式被提出，表明中央对 REITs 的尝试逐步开始进行
2010 年初	《银行间债券市场房地产信托受益券发行管理办法》（征求意见函）	中国人民银行	(1) 在受益券存续期间，委托人或第三方应当承诺对受益券的收益水平提供流动性支持。(2) 次级受益券应当由委托人全部持有。保障性住房和普通商品住房项目的次级受益券比例不得低于 20%，其他项目的次级受益权比例不得低于 30%
2013 年 3 月 15 日	《证券公司资产证券化管理规定》	中国证监会	券商专项资产管理计划将作为证券公司资产证券化产品的载体，明确了基础资产类别、产品结构、监管方式等问题。此后，股权类 REITs 正式启动

资料来源：根据工行投行研究中心资料整理。

对于保障房 REITs 来说，保障房中的公租房和廉租房具有租金，经济适用房和两限房能出售具有收入，因此住宅部分收益有保障，这样商业部分租金收益也可以预期，这些构成了地方政府发行保障房建设债券的信用基础。因此，若以这些信用为基础建立房地产信托投资基金，可以作为未来保障房建设的一种可以考虑的融资模式。

在产品结构设计上，保障房 REITs 中涉及到多个部门。由基金管理公司向社会公开募集资金发起成立保障房 REITs。个人投资者或者机构投资者将 REITs 委托给基金管理公司负责基金的投资运作，同时委托托管机构保管基金财产，基金管理公司通过资产管理公司管理 REITs 持有的房地产。托管机构由受委托的商业银行担任，执行投资指令，监督基金管理公司并接受基金管理公司的监督。托管机构与基金管理公司是平行受托与互相监督的关系，这样可以保证 REITs 的收入和分配策略顺利实施，还能切实保障投资者的利益。一般由专业的房地产开发机构作资产管理公司，房地产开发机构具有丰富的开发经验、资产管理和物业管理经验，可以在一定程度上保障 REITs 的保值增值。投资者凭借受益凭证享受 REITs 的红利，受益凭证可以在证券市场流动。

保障性住房 REITs 的收益主要有两个来源：一是廉租房和公租房租户的租金、经济适用房和两限房的销售收入；另一个是政府补贴和税金减免设立专门的保障性住房 REITs 收益账户。廉租房和公共租赁房租户缴纳的租金直接进入收益账户，经济适用房和两限房的购买者缴付的房款也应进入收益账户。而政府补贴则具体可以有以下四种形式：一是将部分的财政预算用于补贴租户的租金，这样为保障房 REITs 提供租金补贴；二是对廉租房、公共租赁房和经济适用房的建设用地采取划拨方式供应，放宽限价房建设用地的土地出让金支付条件；三是减免房地产交易中的各项税收或者推出低收入住房反税政策；四是降低贷款门槛，对经济适用住房和两限房的购买者提供低息或无息贷款，对建设保障性住房的开发商进行适当的贴息。给项目提供政府补贴，可以通过政府的公信度提高投资者对保障房 REITs 的信心。这两种收益来源能够满足保障性住房 REITs 的收益率要求，使得在保障房建设中引用 REITs 成为可能。

总之，当收益率得到提高、投资风险又相对较小时，保障性住房 REITs 对社会资本的吸引力就会凸显，将会吸引很多中小投资者，因此这样的稳定的现金流以及收益率，可以使我国在保障房建设中引用 REITs 运营成功。

（四）POA 模式

POA 可以成为公租房建设的一种重要的参考模式。公租房以其资金使用量大、投资回收周期长而成为融资的难点。然而，相对于其他类型保障房而言，由于公租房能带来稳定的现金流，因而又是理想的资产证券化对象，在实际操作环节可以考虑采取 POA 模式。POA 融资模式是 PPP + O + ABS 的简称，指政府采取公私合作的模式建设公租房，项目竣工验收后，对符合条件的城市居民出租经营，待项目经营步入正轨后再施行房地产资产证券化，用出售证券化金融产品回收资金再进行公租房滚动开发的建设融资模式①。

受政府财力的制约，加之快速的城镇化进程对公租房的急剧需求，目前中国大多城市采取公私合作（PPP）的方式建设公租房，例如，在商品房项目中配建公租房等。实践证明，这种方式操作简单、见效快，能较快形成公租房的供给，因而被地方政府所推崇。

PPP 方式虽然很好地解决了公租房建设的问题，但其沉淀了企业大量资产，增加了企业投资风险，融资效果也不明显。为了盘活资产存量，并进一步解决公租房建设资金匮乏的难题，建议面向资本市场，采取资产证券化（即 Asset – Backed Securitization，以下简称“ABS”）的方式吸纳社会资金参与公租房建设。ABS 是指以目标项目所拥有的资产为基础，以该项目资产的未来预期收益为保证，在资本市场上发行债券来筹集资金的一种融资方式。

在公租房 PPP 建设模式与 ABS 融资模式之间，还缺乏一个联系的桥梁，那就是经营（Operate，简称“O”）。如果项目出租率低，或者经营不善，不能带来稳定的预期收益，必将影响其证券化产品的销售。因此，建议在引入社会资本之前，由政府部门对公租房项目进行出租经营，待项目出租率达到一定程度、使市场预期稳定后再施行资产证券化。这样，既能降低投资者商业风险，又能确保公租房使用效率，经营成熟一个，资产证券化一个。在实际操作过程中，为了减少金融创新产品对社会层面的影响，可以在融资发展路径设计上选择优先面向投资机构出售，待整个项目运作平稳后再向个人投资者开放。

① 巴曙松：《新型城镇化融资与金融改革》，中国工人出版社 2014 年版。

（五）租金补偿模式

租金补偿模式也可以成为解决公租房建设的可行方案。租金补偿模式是指政府对公租房投资经营者进行租金补贴，使其投资能获得不低于全社会平均投资回报率，从而确保公租房建设可持续发展的制度[①]。具体地说就是，公租房投资者除在项目建设阶段能享受政府关于土地、税收等方面的优惠政策外，在项目经营期间还能得到政府房租补贴，从而使公租房投资者的投资能达到社会平均投资回报。类似的这种机制在中国水务、燃气、供热、地铁等公共基础设施建设领域都有运用，而且已有成功的经验，只需根据公租房建设、经营的具体情况加以修改、移植即可。

公租房租金定价方式有三种：收入定价法、成本定价法和市场定价法。国际上通行的做法是收入定价法，即公租房的租金不超过住房保障家庭总收入的30%，其余部分由政府补贴。在中国，为了确保公租房的住房保障性质，同时又要尽可能回收成本，大多数城市采取按市场租金的一定比例来确定。即使这样，据上海市住房保障部门按照市场租金测算，公租房投资回收期约17年；万科地产北京分公司测算其在北京房山建设的公租房项目投资回收期为30年以上。如果再按照市场租金打折后的公租房租金测算，投资回收期会更长，这种低回报率成为公租房建设融资难的死结。因此，只有设计出一个公租房投资建设、出租经营可持续的商业模式，保证投资者可获得合理回报的清晰制度安排，才能广泛吸引社会资金的参与。经计算该项融资杠杆率能达到1∶32，即政府补贴1万元能撬动32万元的社会投资。这样，我们就将上万亿的财政一次性投资，化解为每年的几百亿租金补贴，大大减少政府的一次性投入，起到“四两拨千斤”的效果。

（六）私募债券模式

1. 私募债市场概况

私募发行是指企业通过协商、招标等非社会公开方式，向特定投资人

① 巴曙松：《新型城镇化融资与金融改革》，中国工人出版社2014年版。

出售债权（在这里主要指保障房中期票据）进行的融资。与传统融资渠道相比，私募发行审批程序简单，融资成本也比较低，包括各类私募票据、私募债券都是此类产品的范围。私募债也被称为高收益债券，在国内一般主要指沪深中小企业私募债券，它是由低信用级别的公司等机构发行的债券，是发行者向与其有特定关系的少数投资者为募集对象而发行的债券。该债券的发行范围很小，其投资者大多数为银行或保险公司等金融机构。由于其信用等级差，发行利率高，因此具有高风险、高收益的特征。

我国债券流通市场由三部分组成，即沪深证券交易所市场、银行间交易市场和证券经营机构柜台交易市场。债券发行一般可以分为公募发行和私募发行。为便于发行，发达经济体在公募发行中还引入暂搁注册发行（Shelf-registrations）和特殊发行人自动发行机制。对我国而言，暂搁注册发行与中票短融类似，特殊发行人自动发行还没有在国内出现，纯粹意义上的私募发行在我国也尚未存在。但是在债券发展的实践当中，还出现了混合选择发行模式（Hybrid alternative Offers）。除公募发行和私募发行之外，还有所谓的混合发行。混合发行包含了上市私募和机构间发行，上市私募主要针对的是沪深中小企业私募债，机构间发行则主要针对银行间机构私募债，如图 3 –6 所示。

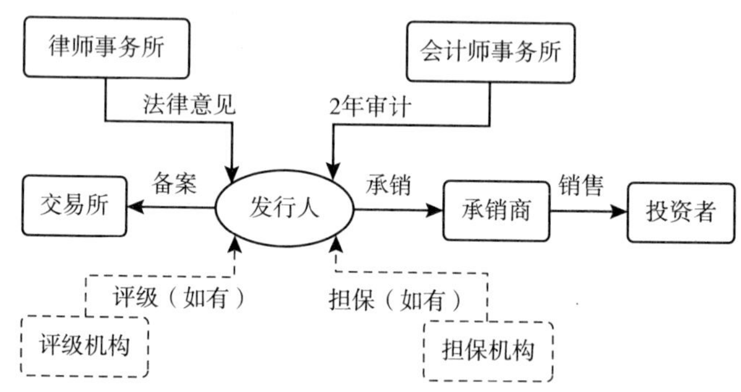

图 3 –6　国内中小企业私募债发行的基本流程

我国的私募债市场还处于初始发展阶段。2011 年 12 月 22 日，证监会正式发文成立债券办公室，这是第一个专为债券市场发展设立的办公室。

2011 年 12 月底，上证所试图整合现有的撮合交易、大宗交易平台和固定收益平台，建立独立的符合债券产品特性的债券交易系统。2012 年 2 月 6 日，证监会召开高收益债券座谈会，拟订了高收益债相关办法。

2012 年 5 月 22 日，上交所颁布《上海证券交易所中小企业私募债券业务试点办法》，深交所颁布《深交所中小企业私募债券业务试点办法》，标志着中小企业私募债正式开始步入历史舞台。沪深中小企业私募债的本质是一种混合发债方式，在公募发债的方式上尝试引用纯私募发债的优点，比如面向无资本市场融资经验的中小企业、有审批制转为备案注册制以降低融资时间和融资成本、投资者范围仅限于合格投资者以保护一般个人投资者的权益。6 月 7 日，深交所通过了首批 9 家中小企业私募债券的备案申请。这标志着具有高风险、纯信用特点的中小企业私募债品种在国内正式推出。结合目前中小企业私募债发行备案情况，大部分企业的发行利率集中在 9% ~10% 之间。故相比较公司债、企业债、短期融资券等，投资中小企业私募债可以获得相当高的收益回报，对投资者有较高的吸引力。

目前的保障房发债融资依然处于“试点”阶段，现阶段所发保障房票据均为私募发行。但是，也有逐步向公募发展的趋势。在 2014 年 2 月召开的主承销商通气会上，交易商协会已经表示监管部门逐步允许保障房项目在银行间市场选择公募发行，并且一次注册多次发行。此前保障房项目在银行间债市融资只能发私募债，且一次注册一期发行。

2. 私募债的优势

从保障房融资角度来看，发行私募债有助于破解保障房融资瓶颈，缓解地方政府资金压力。除此之外，《证券法》仅对公开发行公司债券有“累计债券余额不超过公司净资产 40%”的限定，对非公开发行债券并无明确规定，因此私募债发行规模可突破“40%”限制。由于采取非公开方式发行，利率、规模、资金用途等条款可由发行人与投资者通过一对一的谈判协商确定，信息披露要求相对简化，其发行方案较公开发行债更为灵活。私募债的发行价格、发行利率、所涉费率遵循自律规则、按市场方式确定，与公开发行债相比存在着一定的流动性溢价，也就是融资利率会高于公开发行债。

从发债主体的发债动机来看，较其他融资方式，私募债融资期限长且成本低，优势明显。在行业普遍融资困难、资金成本高昂的情况下，私募债投向保障房建设，在未来通过保障房项目的销售回款，公司将间接获得大量现金流入用以支持整体公司业务的发展。

此外，国内的混合发行机制拥有更为宽松的监管要求，而且主要是面向那些专业或者机构投资者而设立的。传统的公募发行与私募发行进行结合，使得混合发行机制对发行主体的发行期限和发行成本进行了最小化选择，最大程度地吸引了投资者的偏好，参与保障房融资更有助于发行主体进一步增信。

北京市是第一个发行保障房私募债的城市。2011 年 9 月，北京国有资本经营管理中心首期 50 亿元私募债委托贷款工作进展顺利。按照北京市政府统一部署，全市发行保障性住房私募债 500 亿元，其中北京国有资本经营管理中心发行 100 亿元，募集资金由北京市保障性住房建设投资中心以委托贷款形式支持全市保障性住房项目建设。2011 年 9 月，国管中心一期私募债 50 亿元发行成功，全部由该中心以委托贷款方式支持了 8 个保障房项目。

3. 私募债的运作

近年来，保障房非公开债务融资定向工具（保障房私募债）和 REITs 被视为给银行贷款和财政投入“解压”的保障房融资新兴渠道，而保障房私募债正成为房地产企业和银行双方都青睐的融资工具。例如，作为试点城市，北京市保障房私募债的注册安排达到了 500 亿元，上海市也达到了 400 亿元。

从发债主体来看，信用评级高的国有企业（主要是房地产国有企业）是发行保障房私募债的主力军，风险承受能力强且资金相对充裕，能够在国家政策引导下实现保障房资金的退出。从发行利率来看，保障房私募债的平均利率一般在 6% 上下浮动。从发行期限来看，3 年和 5 年期的保障房私募债较为常见，相比信托贷款和委托借款等融资工具，时间较长且更稳定。从融资成本上来看，保障房私募债的发行成本为基准利率左右或略上浮，远低于目前信托贷款的 13% 以上，委托贷款的 10% 以上的融资成本。

在保障房资金短缺，出现建设瓶颈的时候，保障房私募债提供了新的有效的渠道。值得注意的是，就目前国内沪深中小企业私募债来看，虽然两者都是属于“私募债”范畴，但保障房私募债与之仍然存在着明显的差异。首先，就投资者范围来看，保障房私募债属于非公开定向融资工具，其投资人及其数量都是有明确限定，虽然沪深中小企业私募债有很多定向发行限定，但其定向投资人的类别比起保障房私募债相对丰富。其次，大中型国有企业（尤其是拥有政府背景的房地产企业）保障房私募债潜在的公益性质决定了其收益率一般不会超过中小企业私募债的平均利率水平（8%～10%较为常见）。此外，保障房私募债的信用中隐含了政府信用，其投资风险相比中小企业私募债要低很多。当然，保障房私募债在目前试点的几个城市出现了灵活多变的发行方式，地方政府投融资平台方面对此未来还会有创新。

作为国家住房保障政策支持下出现的企业融资工具，保障房私募债的获取方式为注册制，不需要审批，其核心职能是确保融资指标的按时完成。保障房私募债要求必须专款专用，但是保障房项目的销售回款相对支配自由，有助于改善原有发行主体整体业务的现金流，能够有力支撑某些国有地产企业抄底市场。此外，一些国有房地产企业本身存在权益性融资或债务性融资上的缺陷（例如期限错配），发行保障房私募债一方面缓解了企业自身压力，一方面又促进了保障房融资的有效进程，为社会低收入群体提供了福利，履行了企业社会责任，达到了双赢的局面。

2014 年，在混合发行机制的背景条件下，针对保障房私募债发行的不断扩大，中国银行间市场交易商协会正在讨论保障房私募债的公募发行机制，并且考虑公募发行的可一次注册多次发行情况，说明了我国保障房私募债发行正处于深化转型阶段。

（七）中期票据模式

1. 中期票据市场概况

中期票据是企业依照中国人民银行《银行间债券市场非金融企业债务融资工具管理办法》及中国银行间市场交易商协会相关自律规则和指引、由具有法人资格的非金融企业在银行间债券市场按照计划分期发行的、约定在一定期限还本付息的有价证券，募集资金主要为满足企业长期资金需求，其期限一般在 1 ~ 5 年之间。中期票据和私募债有一定重合。2011 年，交易商协会陆续同地方政府签订协议，批准其中期票据发行试点。从协议情况来看，目前的中期票据多采用私募发行的方式。

2011 年 5 月，银行间市场交易商协会表态支持保障房建设，并对保障房项目发行票据提出三点要求：一是保障房项目必须在中央规定的 1000 万套中；二是保障房项目必须纳入政府统筹安排；三是要做好后续监管保证偿付。2011 年 9 月，北京国有资本经营管理中心在银行间市场成功发行 50 亿元人民币定向中期票据，用作支持北京市八个保障房建设项目。2012 年 3 月，北京市保障性住房建设投资中心筹备再次发行 60 亿元人民币私募中期票据，期限为 5 年，资金用于保障性住房的建设。2011 ~ 2013 年间，由于保障房票据融资运行良好，已有包括北京市、青海省、甘肃省、上海市、福建省等省市发行了保障房私募债。2013 年 8 月 9 日，中国人民银行上海总部宣布，上海中星（集团）有限公司 13 亿元人民币非公开定向中期票据（私募债）在银行间债券市场成功发行，这是上海地区首只保障房私募债券。该期私募债期限 3 年，发行利率 6.0%，专项用于上海市保障房建设规划的曹路保障性住房项目。截至 2014 年年初，交易商协会注册发行的保障房私募债已有 500 多亿元，支持了约 10 个省区的保障房建设。

2. 中期票据的优势

中期票据在支持保障房融资上具有天然的优势。第一，我国保障房建设项目的回收期一般较长。经过 2 ~ 3 年的建设期后方才产生有限的现金流，从资金期限相匹配的角度来说适合发行中长期债券进行融资；第二，从保障房的日常现金流特征来说，该现金流比较稳定，但数量仅仅足以覆盖利息和少量本金，也和债券的融资特点相匹配；第三，固定利率债券能够确保保障房具有固定的融资成本；第四，中期票据具有大成交量、强流动性的特点，资金成本较低，适合保障房项目薄利的特点。

3. 中期票据存在的问题

目前保障房票据发行所存在的问题包括三点：第一，当前的保障房界定相对模糊，旧城改造、回迁房等均属于保障房范畴，存在同一房地产项目既包括保障房又包括商品房的问题，在后续监管和信息披露中难以划分资金的真正去向；第二，现存中票融资要求企业具有 AA 级及以上的信用评级，这在一定程度上限制了部分房企利用中期票据融资；第三，目前我国限制地方政府融资平台过度发债，由于保障房建设多由融资平台完成，一定程度上抑制了通过发债支持保障房建设的渠道。

三、典型地区保障性住房融资案例

（一）2012 年湖南省邵阳市保障性住房建设融资

1. 邵阳市简介

邵阳市位于湘中偏西南，资江上游。东与衡阳市为邻，南与零陵地区和广西壮族自治区桂林地区接壤，西与怀化地区交界，北与娄底地区毗连，面积 20876 平方千米，占湖南省总面积的 9.8%。其幅员在省 14 个地州市中位列第三，居省辖 8 市之首。邵阳市城区位于市境东北，邵水与资江汇流处，建成区面积 23.3 平方千米。常住人口 7071741 人（2010 年），以汉族为主，有苗族、瑶族、回族等少数民族。全市辖 3 个市辖区、7 个县、1 个自治县，代管 1 个县级市。

2. 2012 年湖南省邵阳市保障性住房建设情况

邵阳市的保障房由廉租住房、经济适用房、公共租赁住房、城市棚户区改造和危房改造等项目构成。2012 年，邵阳市全市计划建设 15 个廉租住房项目 6382 套。全市实际开工建设 19 个廉租住房项目 7103 套，完成目标任务的 111.3%。其中，市本级开工建设 6 个廉租住房项目 4476 套，占任务的 70.1%。全市的经济适用房分企事业单位集资建房和开发商集中建设两种模式。2012 年，湖南省政府下达全市经济适用住房建设任务 600 套，邵阳市全市实际新开工建设经济适用住房 550 套，其中市本级集中新建 370 套。2012 年，全市计划建设 8 个公共租赁住房项目 3081 套，计划总投资 3.33 亿元。实际共开工建设公共租赁住房项目 12 个 3309 套，完成目标任务 107.4%。其中，市本级建设 1 个公共租赁住房项目 2103 套，占任务的 68.3%。2012 年，邵阳市全市计划改造 14 个棚户区项目 6350

户，计划总投资 11.9 亿元。实际改造 15 个城市棚户区项目，新开工建设 6418 户，安置住房开工及签订货币补偿协议共 8884 套，完成目标任务 139.91%；市本级共改造 5 个项目，安置住房开工及签订货币补偿协议 5188 套，占任务的 80.8%。2012 年，湖南省下达全市国有林场危房改造 3713 户，现已开工 1505 户。其中，洞口县 13 栋已经封底，武冈市 89 户在 10 月份办理好用地手续，着手准备建房，绥宁县 1374 户基本竣工，邵阳县已完成三通一平，新宁县已完成审批，以购买的方式进行，如图 3－7 所示。

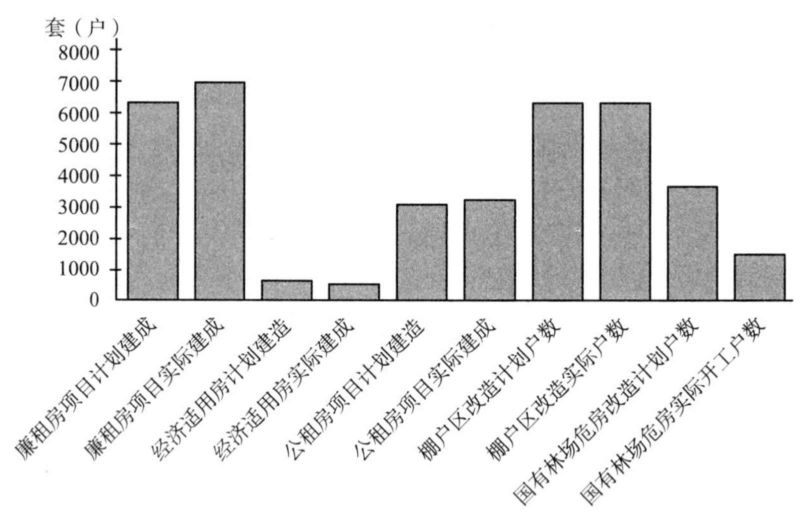

图 3－7　2012 年湖南省邵阳市保障性住房建设情况

资料来源：根据湖南省住建厅、湖南省统计局及邵阳市住建局资料整理。

3. 邵阳市保障性住房融资现状和不同保障房筹建规模

（1）融资渠道较多。根据邵阳市统计局资料以及邵阳市统计信息网公布的数据来看，2012 年邵阳市年度计划安排资金总额 168999 万元。其中，公共财政预算 81410 万元，住房公积金增值收益 1086 万元，土地出让收益 6513 万元，地方债券收入 5500 万元，其他渠道安排资金 74490 万元。2012 年计划安排资金总额 168999 万元，实际使用资金 158936 万元，到位资金所占比例达 94.04%，其中廉租住房项目到位资金超过了计划安排资金 7952 万元，保证了全市廉租房改造项目的顺利推进。总体来说，资金到位情况较为理想。

（2）廉租房和棚户区施工建设总量占比大，尤其是廉租房。2012 年在邵阳市新开工保障性住房建设中，廉租住房份额最大，占了 34.7%，实际新开工 7103 套，是保障性住房建设的龙头。城市棚户区实际新开工 6418 套，占比 31.3%，是保障性住房建设的重要支撑。相对而言，经济适用房建设仅占 2.6%，不过从目前国家总体战略布局来看，经济适用房制度饱受诟病，大力发展廉租房是缓解中低收入家庭参与城乡一体化有效途径之一，如图 3－8 所示。

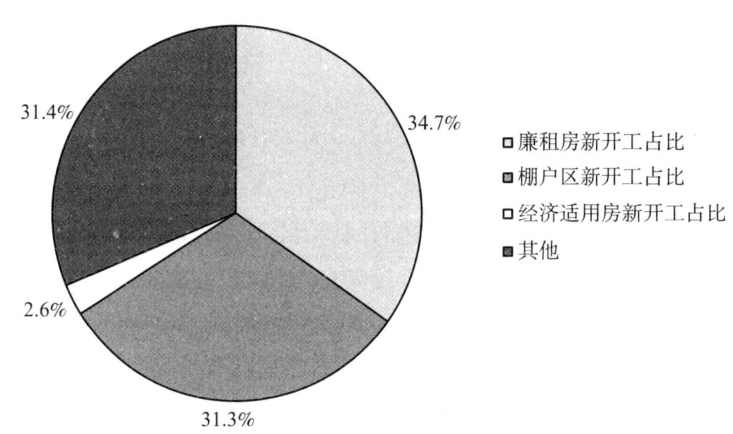

图 3－8　2012 年湖南省邵阳市保障性住房新开工占比

资料来源：根据湖南省住建厅、湖南省统计局及邵阳市住建局资料整理。

（3）保障性住房年度供地较充足。邵阳市使用政府储备土地、闲置和未用土地，部分地方还舍得把地段较好、交通便利的地块拿出来用于保障性住房建设。2012 年，保障性住房实际供地量为 555854 平方米，其中：廉租住房供地 88324 平方米，公共租赁住房供地 89846 平方米，经济适用房供地 140466 平方米，城市棚户区改造供地 95002 平方米，国有林区棚户区及国有林场危房改造供地 106216 平方米。但是，由保障房供地面积来看，新建最多的廉租房由于单户面积设限，占地面积不大。经济适用房占地面积大，新建户数最少，挤占廉租房使用面积，并不能很好地优化当地中低收入家庭财政安排，缩减差距。

4. 邵阳市保障性住房融资问题分析

目前，全国大多数地区保障性住房建设都是以财政拨款和政策性银行贷款为主，只有少数地区在政策允许范围内进行融资渠道创新。尤其像邵阳市这样的存在于全国各省内（尤其是中西部省份）小型城市，由于国家保障性住房融资渠道优惠新政策带来的滞后效应，对于保障住房制度的实践还走在队伍后面。保障性住房融资出现的问题还是出现在几个原始渠道之上。

其一，保障性住房建设资金地方配套压力大，资金缺口较大。首先是国家补助标准低。2008 年、2009 年中央对邵阳新建廉租房每平方米补助 300 元（市本级、邵东县、洞口县、武冈市）或 400 元（享受西部政策的城步、邵阳、隆回、新邵、绥宁、新宁 6 个县），到 2011 年分别提高到 400 元或 500 元；省级配套资金全省统一为 100 元/平方米左右。目前市本级廉租房建设成本价为 1400 元/平方米左右，中央补助资金大约只占建设资金的 36%，不利于廉租房建设的开展。其次是农垦危旧房改造配套标准低。农垦危旧房改造建设项目标准定 10700 元/户，与林业棚户区改造和新农村建设的标准有一定差距。随着物价的上涨，劳动力成本增加，农垦危旧房改造基础设施建设资金存在较大缺口。

其二，部分中央、省直管单位优惠政策落实不到位，存在政策设计盲区。保障性安居工程在建设实施过程中，存在优惠政策落实不到位的问题：一是在办理国土手续时，还需要缴纳开垦费、青苗补偿费、农民劳保统筹基金等费用，达到每亩 6 万元 ~ 7 万元；二是根据《湖南省人民政府办公厅转发省建设厅等单位关于进一步加快廉租住房建设意见的通知》规定，保障性住房的供水、供气、网络、电视、电话及配供电工程建设费用按实际成本价收取，保障性安居工程建设施工供电、供水管网由供电、供水企业负责按物价部门核定的工程成本价铺设开通。但在实际操作中，供电企业为中央直管单位，所需费用都由其自主预算、定价，全部办齐供电手续费用达 130 元/平方米，优惠政策无法落实，增加了保障性住房建设成本。

其三，土地出让收益低。虽然部分邵阳市地段好的地区也作为了保障性住房建设地区，按理来说土地出让收入应该较高，但是从前面所述的保障房资金来源表来看，土地出入收益占总资金供给比例非常低，甚至接近于地方债券收入。土地出让收入中为保障房融资的现行政策存在着提取比例过低、计取口径不统一等严重缺陷。所以，地方政府对相关政策规定的执行不力、提取数额不达标，基于土地出让收入的支出项目中住房保障支出比例过低等现象进一步削弱了国家保障房融资政策。此类问题在全国较为普遍。

其四，缺乏相关政策支持下的融资渠道创新。在融资模式创新成果不成熟的情况下，邵阳市缺乏金融机构支持，没有哺育新模式出现的土壤。以公共财政支出为主的住房金融制度从长期来看是低效率的，当地的保障房需求大，保障性住房建设资金缺口难以填补，现有的体系只能解决部分中低收入家庭困难。

（二）2012 年天津市保障性住房建设融资

1. 天津市保障性住房建设总体情况

天津市保障性住房建设起步早，建设力度大，“十一五”期间，政府投入各类资金约 200 亿元，供应土地近 1000 万平方米。天津市在实施“十二五”保障性安居工程建设规划中，提高了公共租赁房建设的比重，使其进程尽可能提前。计划“十二五”建设公共租赁住房 15 万套，占全部保障性住房的比重达 37.5%。由于保障范围全国最高，建设规模大，群体受益不断增加，例如，“十一五”期间，天津市政府为 41 万户中低收入住房困难家庭提供了住房保障，是“十五”期间的 9 倍，其中新建各类保障性住房 2405 万平方米，占全市住宅建设量的 30% 以上，同期发放租房补贴的家庭数达到了 7.5 万户。就数据来看，天津市保障性住房建设走在全国前列。

2. 2012 年天津市保障房具体建设情况

2012 年，天津市计划全年新开工保障性住房 800 万平方米、10.5 万套，同时计划竣工 7 万套。相比去年的 1600 万平方米，2012 年保障房计划开工量呈缩减态势。虽然新开工数量少了，但 2011 年天津市动工的 23 万余套保障房大多尚在建设，2012 年，天津市实际在建的保障房工程量仍旧十分庞大。其中，天津市发展改革委牵头的示范小城镇安置房供应量最大，达到5万套。

2012年10月16日，天津市政府新闻办召开《天津市基本住房保障管理办法》新闻发布会称，截至2012年9月底，天津市当年已开工保障性住房10.5万套，基本建成保障性住房7.2万套，工作目标已圆满完成。2011年和2012年两年中，天津市已开工建设的保障性住房占“十二五”规划的60%（不含示范镇为24.5万套，占61%）。总体来说，天津市保障性住房进展较顺利。

3. 天津市保障性住房融资情况及分析

（1）基本情况。天津市保障性住房资金来源主要来自以下几个方面：财政支出（含中央财政补助和地方财政支出）、银行贷款、社保基金、保险资金、信托基金、国债和地方债、公积金及其增值收益、土地出让金计提资金、企业资金和租售结合等。

其中，就财政支出来看，2012年天津市计划开工建设保障性住房905万平方米，市财政安排住房保障资金16.7亿元，用于保障性住房建设资本金和住房困难家庭租房补贴。就银行贷款来看，在公租房建设资金需求量大、时间急的情况下，国家开发银行天津分行发挥开发性金融的先导作用，承诺412亿元贷款支持保障房建设，还有其他非政策性银行贷款如中德住房储蓄银行①也为保障性住房建设提供了部分保障。就社保基金来看，单2011年上半年就为天津市等地公租房建设融资105亿元。就保险资金来看，其势必将保障房建设投资作为其重要增值通道。就信托基金来看，天津版REITs属于债权式的，基础资产为天津市房地产开发经营集团有限公司持有并管理的4万套廉租住房，建筑面积200余万平方米。天津市房地产开发经营集团有限公司将廉租住房委托给受托人设立房地产信托，受托人将优先级受益权向银行间债券市场发行受益券，转让给机构投资者。受益券发行规模可达信托资产总规模的80%，约38亿元。目前，国债和地方债仍是天津市融资建设保障房的渠道之一。2012年，由于天津市土地

① 中德住房储蓄银行有限责任公司是中国建设银行控股，与德国施威比豪尔住房储蓄银行合资组建的一家专业经营住房信贷业务的商业银行，亦是现国内银行业中经中国银行业监督管理委员会批准成立的唯一一家专业性银行，总行设于天津市。

出让金收入减少，计提给保障性住房的资金相对减少。

另外，企业资金主要是天津市当局要求开发商商品房项目配建保障房来使房地产企业直接参与到保障房建设中来。租售结合是对保障对象出售一定产权用以回笼部分建设资金进行再利用再建设。

总体来看，天津市保障房融资的渠道充分体现了多元化、专业分工合作的特点。尤其是在创新型融资模式，走在了全国保障房新融资模式探索的前沿位置。

（2）融资存在的主要问题分析。贷款担保手段缺失。保障性住房很多都是利用划拨土地建设，不符合抵押担保条件，其他有效担保措施也相当缺乏，导致在项目审批条件审查、资金到位情况审查、资产质量认定、不良贷款核销等方面，依然执行等同于其他建设项目的信贷政策，在一定程度上影响了金融机构参与保障性住房建设项目的积极性和主动性。

债券融资问题重重。由于融资额度巨大，越来越多的观察者认为社会难以消化，必然会导致某些新问题的出现，但国债和地方债仍担负着保障房融资的重任。

问题之一，是社会资本参与保障房建设存在尴尬局面。由于保障房项目建设属于微利，比如公租房项目，靠租金回收收益，投资回收期非常长，而廉租房几乎无收益。相比较而言，限价商品房可以实现一定的微利，从而融资渠道也比较多，甚至可以通过私募和信托的方式融资。同时问题也更多，私募和信托要求的回报率会高于银行的利率，所以目前承担保障房建设的企业基本都是国企。

问题之二，是创新金融工具不足，利用房地产信托、证券、开发性金融等工具十分有限。房地产金融工具的缺失制约了保障性住房建设金融的发展空间，这就导致住房贷款滞留在商业银行，挤占银行的基本金，因此商业银行放贷的积极性不高。造成了一定的尴尬局面。

总的来说，天津市保障性住房建设资金来源的问题，需要朝着社会融资的方向发展，才能有效缓解长期保障性住房建设给政府财政支出造成的资金压力，提高保障房资金使用效率。

四、典型保障房融资项目案例

（一）平安—城投控股保障房项目债权投资计划（2011）

1. 债权投资计划的基本情况

2011 年 5 月 13 日，国内保险资金投资保障性住房领域的首个项目在上海市签约。城投控股与中国平安共同推出 7 年期“平安—城投控股保障房项目债权投资计划”，募集不超过 30 亿元的资金用于支持上海保障性住房建设。与之前的“太平洋—上海公共租赁房项目债权投资计划”的担保形式相似，“平安—城投控股保障性住房项目债权投资计划”也取得上海城投总公司的信用担保。

此前保险资金涉足保障房投资不同，此次债权计划采用了固定收益和浮动收益相结合的方式。考虑到双重风险以及未来 7 年存续期期间银行存贷款利率下调衍生的利率风险，收益稳定和市场波动相结合因素，一方面偿债主体也希望能稳定利息支出成本，另一方面也希望能够根据市场利率变化进行相应调整，令融资成本更有弹性，根据约定，债务金额的 50% 按照固定利率 6.4532% 计息；另外 50% 则按照同期贷款基准利率下浮 5.1%，浮动利率计息部分的年债权收益率不低于 5.44% 且不高于 8.16%。

此次与平安合作发行的“平安—城投控股保障房项目债权投资计划”，是用以支持城投控股在上海市投资建设的松江新凯、青浦诸光路等保障性住房项目。

新凯家园项目位于泗泾镇古楼村，靠近规划中的轨道交通 9 号线车站，项目有 A、B、C、D 四块土地组成，上海城投已分别在 2009 年 8 月 4 日、2010 年 2 月 5 日获得该项目的 A、B 地块，2011 年 4 月 25 日取得 C、D 地块。据共计，该项目四地块总面积约为 89 万平方米。另一个诸光路项目，上海城投于 2010 年 3 月 15 日决定投资开发。该项目位于上海市青浦区徐泾镇东部，如表 3 - 4 所示。

表 3－4　　2011 年城投控股部分房地产投资项目

项目名称	项目金额（元）	项目进度
露香园项目	37669.00	高区上部结构施工
杨浦区新江湾城 C4 地块	39717.94	开工建设中
吴淞路项目	11862.19	基本完工
新凯家园一期集中商业	3231.61	已通过竣工验收，大产证办理中
新凯二期保障房项目	2455.83	已基本实现销售，目前尚余少量配售商品房待售
杨浦江湾保障房项目	3079.47	已竣工
大型居住社区泗泾基地保障房项目	129428.05	一期已完成竣工验收并取得入户许可证；二期室外总体完成，具备单体验收条件；三期、四期处于项目前期
韵意保障房项目	23013.26	北块：四证齐全，施工建设中；南块：规划许可证、民防、施工报监已办理完成，施工许可证办理中，打桩进行中
青浦诸光路保障房项目	20157.28	D 块外部配套房销售；E 块土地动迁
韵意南拓展保障房项目	23102.02	项目建设初期
合计	293716.65	—

注：项目金额为当期实际投入金额。
资料来源：上海城投控股股份有限公司 2011 年年度报告。

该债权计划将有利于进一步降低城投控股保障性住房项目的建设成本。根据初步测算，与同期银行贷款利率相比，该计划将为城投控股保障性住房建设项目节约财务成本约 7000 万元。利率超过已有的全国社保基金投资南京保障房 30 亿元信托贷款项目的贷款利率（6.05%）与“太平洋—上海公共租赁房项目债权投资计划”收益率（约 6%）。

“平安—城投控股保障性住房项目债权投资计划”属于完全债权投资。其中保险资金纯粹作为债权人，而不参与保障房项目的开发行为。本次投资偿债主体是城投控股，担保人是上海城投集团，信用级别为 AAA 级，收益率是根据保险资金的成本和所投资项目的信用评级来确定的，目前看来这个定价是合理的。投资保障性住房和投资商品房不同，保障性住房本身带有公共产品的特性，最终的信用支撑还是来自于上海市当地政府，所以投资保障性住房比投资同级别的商品住房风险系数更低。

2. 债权投资计划分析

从此案例来看，保险资金进入保障房建设目前在国内还属于探索阶段，试点城市还很有限。经济相对发达地区保障房建设的配套设施要比欠发达地区完善得多，其地方政府政策资源更加充分，政府兑现政策诺言的可信度较高。毕竟，保险资金的商业属性和保障房的公益属性在短时间内难以找到完美融资的契合点。

有学者指出，保险资金参与保障房融资是保险公司资产负债管理客观要求，保险资金在保障房建设中是参与性资金而非主导性资金的性质不会改变，保险资金的介入是市场机制在保障房建设领域发挥其辅助功能，应当凸显其参与性投资的特质（张代军，2011）。尽管如此，地方政府、险资企业和保障房建设地区的中低收入阶层都是保险资金参与保障房融资的利益攸关方。地方政府追求的是行政效率最大化和社会福利最大化，险资企业追求的是投资收益率最大化，而符合收益标准的人群则追求的是保障房居住权益最大化。保险资金进入保障房建设能够为其巨大的融资缺口“解渴”，但是倘若没有政府有效的扶持政策和商业银行作为“中间人”引路，也会存在隐性风险。

（二）上海市：上海建工集团股份有限公司2013年第一期非公开定向债务融资工具

上海建工集团股份有限公司（原“上海建工股份有限公司”）是经上海市人民政府批准，由上海建工（集团）总公司以下属的总承包分公司及九家全资子公司的相应资产进行重组，独家发起募集设立的股份有限公司。公司股票于1998年6月23日在上海证券交易所挂牌上市。为保持公司房产开发业务规模，规避商品房市场波动风险，同时解决上海市居民住房困难，公司承担了相当规模的保障房建设任务。

截至2012年，上海建工房产有限公司计划建设的保障房项目达160余万平方米，计划总投资达140亿元。选择发行保障房私募债既不占用今后公开发行公司债、企业债或中期票据的额度，又可突破净资产40%的限制。发行该私募债券，可以为公司提供较长期限的稳定筹资渠道，并锁定融资成本，推动公司保障房建设业务。

2013年3月28日，上海建工发布《关于发行保障房非公开定向发行债务融资工具的公告》，宣布为了进一步扩大公司融资渠道，弥补公司保障房建设资金缺口，公司拟向中国银行间市场交易商协会申请发行不超过17亿元的非公开定向发行债务融资工具，专项用于上海市浦东新区宣桥镇04－02地块共有产权保障住房项目建设。这里所说的非公开定向发行债务融资工具就是指的保障房私募债。

上海建工的保障房私募债初步发行方案包括：发行规模上，本次保障房私募债发行的规模为不超过17亿元人民币；债券期限安排上，拟一次性全额发行，期限不超过5年（含5年）；发行利率安排上，根据公司信用评级状况，参考市场同期债券发行情况，由公司和主承销商共同商定；发行对象的选择为全国银行间市场特定机构投资人。

2013年4月15日，上海建工召开了2013年第一次临时股东大会，计划在2013年4月底前完成各项资料准备工作；5月中旬前完成意向投资人组团；5月中旬报银行间交易市场协会；6月底前完成注册，年内适时发行。

截至2013年10月18日，公司已完成了“2013年度第一期非公开定向债务融资工具”的发行，共募集资金12亿元（如表3－5所示）。2013年8月8日，上海中星（集团）有限公司在银行间债券市场发行该期中期票据（私募债），此次私募债采取的是非公开定向发售，私募债期限3年，发行利率6.0%，将专项用于上海市保障房建设规划的曹路保障性住房项目。总的来说，上海建工是继上海中星（集团）有限公司后又一次成功的发行保障房私募债的案例。

表3－5　上海建工集团股份有限公司2013年度第一期非公开定向债务融资工具发行情况

债券名称	上海建工集团股份有限公司2013年度第一期非公开定向债务融资工具		
债券简称	13沪建工PPN001		
代码	31390337	期限	三年
计息方式	附息固定	发行招标日	2013年10月17日
实际发行总额	12亿元	计划发行总额	12亿元
初始投资人数量	2	定向投资人数量	18
票面价格（元/百元面值）	100	收益率（年收益率）	5.85%
主承销商	上海浦东发展银行股份有限公司		

资料来源：上海建工集团股份有限公司2013年度第一期非公开定向债务融资工具发行情况公告。

（三）北京市：分钟寺桥西北侧地区回迁安置房项目

北京首开亿信置业股份有限公司是以原北京城市开发股份公司为平台成立的独立法人企业。最初成立于1999年12月28日，注册股本总额3.2亿元人民币，由北京城市开发集团有限责任公司、北京城建集团有限责任公司、北京住总集团有限责任公司、北京北辰实业集团公司、清华同方股份有限公司等5家公司共同发起设立。母公司首开股份是一家以房地产开发、商品房销售为主营业务、具备房地产开发一级资质的上市公司，主要定位于北京市场的房地产开发。2007年，首开股份通过定向增发收购首开集团房地产主营业务资产，实现集团主营业务整体上市。

2011年12月29日，首开股份公告取得交易商协会50亿元非公开定向债务融资工具（即私募债）注册通知。私募债目前仅在北京市发行，而且只针对北京的保障房建设，全市约500亿元额度，首开获得了50亿元，有效地支持了保障房融资。在此之前，北京金隅和北京市国有资本经营管理中心分别获得过20亿元和50亿元的保障房注册发行额度。作为首开股份旗下的子公司，首开亿信建设分钟寺桥西北侧地区回迁安置房项目为母公司带来了利好消息。

（四）天津市保障房REITs方案

国内房地产投资信托基金主要采用的模式有封闭式产业基金模式、房地产上市公司模式以及信托计划模式。其中，封闭式产业基金模式是由基金管理公司发起REITs基金，由托管人负责管理资金，基金采用封闭式的运作方式投资于房地产或相关资产；房地产上市公司模式采用公司型基金的运作方式，依据《公司法》的要求选择投资标的、进行收入分配；信托计划模式偏向于契约型基金，基金发起人设立REITs信托计划，由资产管理公司管理基金的运作，投资于房地产或有关资产。实际上，REITs在国内的应用不论是商业地产还是保障房，都属于吸收国外已有的经验。2009年10月，由央行牵头银监会、证监会等11个相关部门成立“REITs试点管理协调小组”，确定天津市和京沪两地成为中国首批REITs试点城市。

天津市保障房REITs方案的基础资产为天津市房地产开发经营集团有

限公司持有并管理的 4 万套廉租房，建筑面积 200 余万平方米。

结合当地实际情况，天津市房地产开发经营集团有限公司代表政府以实物配租的方式向符合廉租房承租条件的低收入家庭提供房源，推行之初，实际收取租户的月租约为每平方米 1.85 元。因为廉租房周边租赁市场的可比租金约为每平方米 27 元，这一廉租房设计成 REITs 产品对外发售时，以月租金每平方米 27 元为基础给投资者计算回报。这意味着，在这一产品中，每平方米廉租房的月租金中隐含着 25.15 元的政府租金补贴。

2010 年 7 月，天津将保障性住房 REITs 方案交付央行，并提交国务院。2010 年天津市房地产开发经营集团有限公司以单一信托基金方式，向天津保障性住房股权投资基金合伙企业增加信托基金份额 9 亿元，全部用于天津东丽保障房项目，共建设保障房 3985 套。

2011 年 4 月 2 日，3 个“天津信托·住宅集团住宅产业化股权信托基金”产品由天津信托发售，共募集资金人民币 1.5 亿元，建设住宅总面积 11.7 万平方米，共建设保障性住房 1589 套。2012 年 3 月，天津推出了天津保障性住房建设信托，计划募集 4.8 亿元，期限为 2 年，认购金额在 300 万元 ~ 600 万元之间，收益率为 11%；大于 600 万元，收益率为 12%。

总的来说，天津的 REITs 方案在不断的发展过程中优化了天津房地产企业的资本结构，降低了房地产企业对银行贷款的依赖性，促进房地产企业的规范化操作，提高物业资产的利用效率。但是值得注意的是，REITs 融资过程中由于回报率过低很难吸引到真正有兴趣的投资者，从实际来看，通过国有资金的支持，从而弥补外来资金回报率低的方式，并未真正实现依靠外部资金解决保障房资金难的问题。

（五）广州市商业地产越秀 REITs 方案

自 2009 年北京市、上海市、天津市成为 REITs 试点的首批城市之后，2010 年 6 月，央行广州分行在发布的《关于落实〈珠江三角洲地区改革发展规划纲要（2008—2020 年）〉推动金融业科学发展的若干意见》中明确提出，将广州市、深圳市列为房地产信托投资基金试点城市。

“越秀基金”是首只国内房地产企业在境外上市的REITs基金，是由在香港上市的广州房地产发展商越秀投资有限公司（以下简称“越秀投资”）将其在内地持有的4项商场物业“打包”在香港上市后设立起来的。2005年6月，香港特区允许香港上市的REITs投资香港地区以外的房地产，“越秀投资”改变了原计划，确定了赴港发行REITs的操作思路。2005年12月，越秀REITs在香港联交所正式挂牌上市。“越秀REITs”成为在香港独立上市的首只以内地物业为注入资产的房地产投资信托基金。截至2012年年底，越秀地产总资产超过500亿港元，累计开发规模1000多万平方米，销售面积逾800万平方米。

从越秀REITs融资模式来看，越秀涉足的物业都是商业物业，并没有向住宅物业及保障房这一块发展的计划，如图3-9所示。

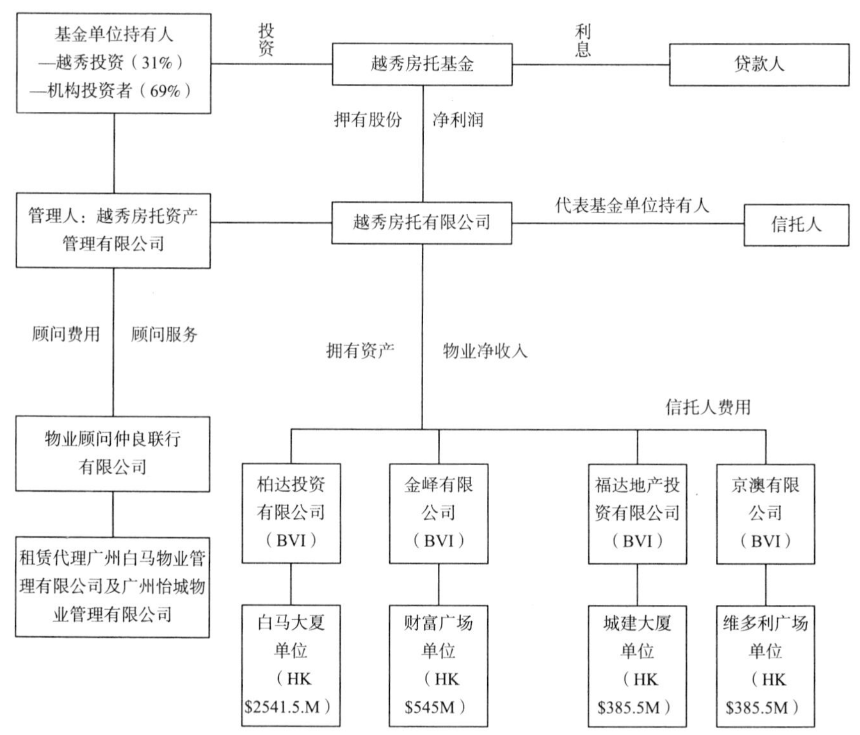

图3-9 越秀REITs运作模式概览

资料来源：王梓：《基于房地产信托投资基金的公租房融资模式研究》，重庆大学博士论文，2013年，第27页。

总的来看，REITs 融资模式在国内商业地产已经有了初步的发展，但是对于 REITS 参与保障房融资还处在“摸石头过河”的阶段。短期来看，沿海兴起的 REITS 保障房融资无法满足投资者的逐利需求，政府和监管当局的作用要大于民营资本的运作效率。

毋庸置疑的是，资本市场上 REITs 在吸收民间资本进而投资廉租房方面具有可行性。其优势在于使得廉租房不动产具有较强的流动性，这种流动性使得它能很好地实现证券化融资。另一方面使得投资者获得稳定的收入回报，即房地产的证券化。REITs 可以增强资金的流动性，提高房产的变现率，能够提高资金的融通速度，分散项目的投资风险。REITs 通过发行受益凭证的方式募集资金，然后把资金直接投资在房地产市场上，这样既缩短了时间，又筹集到了大额资金，这也就缩短了低收入群体获得住房保障的时间。

除此之外，REITs 也有利于节省税收，降低管理成本。REITs 融资模式可以减少税收，这是国外 REITs 迅速发展的重要原因之一。虽然短时间内监管层面难以对 REITs 进行免税，REITs 产品回报率难以提升，未来仍有望通过 REITS 改革来调整战略目标。有效地参照商业地产 REITs 模式进行保障房 REITs 融资，有助于缓解保障房建设资金短缺的问题。

第四节　中国保障房建设融资的制度演进

保障房融资制度是住房保障制度的一个组成部分，其制度演化服从住房保障制度演变的大方向，因此，我们将保障房融资的制度演进放在住房保障融资制度演进中进行考察。从世界范围来看，住房保障是每一个国家都面临的重要而又困难的问题，各国所采取的住房保障融资制度差别巨大，并且随着时间的推移不断进行变化。

一、住房保障融资制度的可持续性问题

住房保障制度的重要性得到普遍认同，但是，既有研究更关注住房保

障融资制度对金融、财政的影响，而不是住房保障融资制度本身的可持续性。国际上对住房保障融资的研究主要体现在住房市场、住房金融、金融监管等专题之内。对住房市场的关注，主要是因为住房市场价格变化直接改变政府的住房保障压力，这部分的研究又可分为两类：一类是考虑金融市场结构与中央银行政策对住房市场价格的影响①，另一类是考虑住房市场周期与信贷周期的相互作用②。对住房金融市场的关注，主要是因为发达国家通过住房金融机制的创新在一定程度上缓解了政府的住房保障压力。但是，由于美国次贷危机的深刻影响，近期的研究主要集中于对家庭与独立个人无力获得住宅的具体原因的剖析、对住房金融市场金融创新工具的反思③。尽管发达国家引进民间资金解决住房保障问题的总体思路并未改变，但是，对于政府在其中的角色（如政府提供的担保价格、政府对再保险价格的干预）、证券化链条的信息透明度、住房市场风险的传导问题均进行大量的研究④。金融监管方面，集中于巴塞尔协议Ⅲ的讨论，如逆周期缓冲、宏观审慎监管是在次贷危机的冲击下而提出的，直接对应住房市场的长周期波动和住房金融机构的系统重要性。可以发现，这些研究将住房保障融资制度视为一个稳定的制度前提，即假定住房保障融资制度不变，但是各国的住房保障融资制度恰恰是不断演进的。这就需要对住房保障融资制度的核心驱动力进行探究。

二、发达国家住房保障融资制度演进趋势

美国的住房保障经历由支持保障房建设到支持中低收入人群购房能力的过程。在 20 世纪 60 年代之前，美国主要以财政资金进行公共住房建

---

① Glaeser, Edward L., Joshua D. Gottlieb, Joseph Gyourko. “Can Cheap Credit Explain the Housing Boom?”, NBER Working Paper No. 16230, July 2010.

② Oriol, Aspachs - Bracons, Pau Rabanal. “The Effects of Housing Prices and Monetary Policy in a Currency Union”, IMF Working Paper No. 11/6, January 1, 2011.

③ Beck, Thorsten, Berrak Buyukkarabacak, Felix Rioja, Neven Valev. “Who gets the credit? and does it matter? household vs. firm lending across countries”, World Bank Report Number: WPS4661, 2008/07/01.

④ Burnside, Craig, Martin Eichenbaum, Sergio Rebelo, “Understanding Booms and Busts in Housing Markets”, NBER Working Paper No. 16734, January 2011.

设，并供低收入者租住。在20世纪60年代之后，美国政府注重引入私人资金，在私营开发商新建和修复低收入阶层住房时给予担保以及金融支持，并向开发商补贴正常市场租金与租户实际租金的差额。在20世纪80年代之后，美国政府的支持对象逐步转向被保障人群，既以对住房抵押贷款进行补贴的方式对低收入者进行直接补贴，又以向低收入人群租住房屋的屋主提供抵押贷款担保或租金的方式进行间接支持。进入21世纪之后，美国对住房抵押贷款证券化增加支持力度，既促进了开发商的建设融资，又使得中低收入人群更容易获得住房抵押贷款。

德国同时推进保障房建设和中低收入人群的购房能力。为支持保障房建设，德国由联邦、州、行政区政府直接提供住房建设基金，向建造福利房的开发商或私人提供免息或低息贷款，以及对住房合作社进行资助。为使中低收入人群能够获得低利率的购房贷款，德国建立较为完善的住房储蓄融资体系，专款专用、以存定贷、利率固定、政府资助。

日本的住房保障重点仍集中在保障房建设领域，包括公营住宅、公团住房和住房金融公库。其中，公营住宅由中央政府补贴，地方政府建造拥有和管理，主要供给收入水平最低的阶层租住；公团住房由政府全额出资建设，面向中低收入家庭出售或出租；住房金融公库由政府全额出资，主要向个人建房购房者提供长期低利率贷款，具有明显的政策性金融机构性质。

三、政府担保是住房保障融资制度演化的核心

政府支持是住房保障制度不可缺少的部分。从上述住房保障融资制度的国内外经验来看，财政补贴和政府担保是政府支持住房保障融资的基本方式。在这两种方式中，虽然人们更关注财政补贴的有效性，并争论对“人”补贴和对“砖”补贴的效率差异。但是，从长期来看，政府担保才是住房保障融资制度演化的核心驱动力量。

（一）政府担保是住房保障融资机制的核心

各国的住房保障融资机制取决于金融机构和历史路径，在具体形式上

差异巨大。但是，政府担保在各国住房保障融资机制中均处于核心地位。我们可以将住房保障的资金来源区分为财政资金和私人资金，由于住房保障具有公共属性，所以财政资金是住房保障的引导性资金。但是，住房的建设或购买需要大量资金投资和较长的周期，建设者或者购买者必然要通过金融渠道筹集较大比重的资金。对于住房保障而言，住房的需求方或是达不到金融服务所需的最低门槛，或是没有能力全额偿还贷款的本息，政府只能在住房融资过程中提供补贴，并对融资过程中的违约风险进行担保。其中，补贴的标准和规模相对容易控制，政府担保则容易被过度利用。

住房保障融资中的政府担保可以分为明确的担保和隐含的担保，此二者均会形成巨大的财政压力。明确的担保体现在政府对住房金融市场的直接支持中，以美国为例，起初由联邦住宅管理局、美国联邦农业部和退伍军人事务部为特定人群中的中低收入者提供贷款担保，在次贷危机之后，政府担保的范围扩展到房地美和房利美发行的住房抵押贷款支持证券。我国地方政府在保障房建设融资中也提供了大量明确的担保，根据审计署的审计结果，截至 2013 年 6 月，政府负有担保责任的债务（明确的政府担保）为 1420.38 亿元，占保障房融资所形成的地方债务的 13.0%。但是更为重要的是隐含的政府担保，主要是债权人对受政府支持企业的信心。房地美和房利美的住房抵押贷款支持证券规模正是在这一信心之下不断膨胀，并最终由联邦政府明确担保义务。对我国而言，各地的保障房融资往往通过保障住房投资有限公司进行，即使地方政府并未对这些保障房融资平台进行明确担保，债权人也会认为政府将在这些融资平台发生危机时进行救助，从而形成隐含的政府担保。审计署在审计地方债务时，对这部分担保形成的隐含债务进行了审核，截至 2013 年 6 月，政府可能承担一定救助责任的债务（即隐含的政府担保）为 2675.74 亿元，占保障房融资所形成的地方债务的 24.4%。

（二）政府过度担保导致财政压力膨胀

政府为住房保障融资提供担保的担保常常形成过高的财政压力。相对而言，政府的显性担保有明显的排他性，可以限制在特定的主体与业务上，易于监测并控制，而隐性担保主要反映为融资过程中各个主体的信心与期望，对这种信心与期望进行阻止是不现实的，从而易于膨胀。由于政府不可能知道各个主体在融资过程的何处与何主体上拥有信心和预期，所以政府无法明确宣示在住房保障融资中未提供担保。政府隐含担保的非排他性使得各个主体过度地利用政府的信用，导致财政压力的快速积累并最终爆发。政府担保被过度利用的典型例子是美国，对房地美和房利美等受政府支持企业的信心使得住房抵押贷款支持证券市场迅速膨胀，并在资产支持证券的发行链条中放大，最终爆发次贷危机。我国的政府担保过度使用问题也逐渐浮现。一是地方政府对政府担保的过度利用。地方政府对保障房融资平台进行的担保仅限于保障房建设，但是，在地方政府财力严重不足的背景下，地方政府有强烈的动力通过保障房融资平台为其他财政支出项目融资，从而将保障房融资作为一般性的财政资金来源。二是开发商对政府担保的过度利用。目前，我国地方政府将保障房与商品房捆绑建设，在我国严控房地产开发贷款的背景下，开发商有动力通过保障房融资渠道发行债券或进行贷款，从而使政府的担保事实上覆盖到开发商。三是公众对政府担保的过高估计。政府的保障房融资机制可以形成保障房标准与规模的约束机制，如德国式的住房储蓄、日本式的住房金融公库，以及美国式的住房抵押贷款市场支持措施，通过住房金融市场的利率变动，可以制约住房保障标准的过快上升。但是，我国的住房保障融资主要是保障房建设融资，其售价或租金显著低于市场价格，并且这部分价差与保障房融资过程几乎不发生关联。这就使得保障房融资压力主要由地方政府承担，而被保障的人群并没有来自融资过程的成本制约，只会认为政府有能力筹集资金进行保障房建设，并进一步提高住房保障标准与规模的预期。

值得注意的是私募方式的广泛利用。由于私募方式的信息披露要求较低，所以风险控制主要由债券的购买者来实施。但是，金融机构有较强的投资动机。随着货币规模的快速增长，我国银行体系的负债规模迅速膨胀，需要由足够规模的收益较高的贷款，由于保障房融资有明确或银行的政府担保，降低了保障房贷款或债券的风险，银行将对保障房融资渠道进行过度的资金供给，这将导致政府担保规模的进一步膨胀，并且由于私募过程的信息披露不充分，过度担保的问题可能被积累下来，直到最终爆发。

（三）财政压力导致住房保障制度的变革

政府支持是住房保障融资制度必不可少的一环。当财政压力过高时，政府支持无法持续，就必须重新安排各个主体在住房保障融资制度中的成本与收益，反映为住房保障融资制度无法持续并产生重大变革。美国的住房保障融资是较少依赖政府直接支持的制度，但是，由房地美、房利美等企业所获得的政府隐性担保仍然导致的过高的财政压力并引发危机。在危机之后的变革中，美国联邦政府在名为《改革美国住宅金融市场》的住宅金融体系改革方案报告中强调政府支持范围的收缩以降低财政压力：一是减少政府对住宅信贷的支持，使联邦住宅管理局回归传统角色，局限于特定借款人①，使联邦房屋贷款银行专注对中小金融机构的支持，缩小支持的范围；二是保证政府支持的透明化并使之局限在特定范围，包括改革并强化联邦住宅管理局的职能、建立全新的廉租房委员会等措施。与之相比，我国的住房保证融资制度变革同样是在财政压力的驱动下完成的，虽然也有拉动内需等考虑，但是我国的住房商品化改革与财政体制变革几乎同步，客观上起到了降低财政压力的作用。

总体来看，尽管保障房融资采用多种形式、多种渠道的融资模式，但是政府担保是不能或缺的，由此带来的财政压力是导致住房保障制度变革的主要动力。

---

① 次贷危机爆发之后，美国联邦政府采取一系列的应对措施，使原来不在联邦住宅管理局优惠政策之内的中低收入者和首次购房家庭能够获得联邦住宅管理局提供的住宅抵押贷款保险。其结果，是联邦住宅管理局占住宅抵押贷款市场的市场份额增长到30%左右，给美国纳税人增加新的风险。新改革方案希望联邦住宅管理局能回复到危机之前的角色，即中低收入美国人与首次购房者的特定贷款人，从而将其市场份额降至10%～15%之间，其确保在房地美和房利美关闭后，新的市场份额能转移到私人机构，不再形成新的潜在纳税人负担。

第四章

中国保障房建设融资的典型风险

2014年，全国计划新开工城镇保障性安居工程700万套以上（其中各类棚户区470万套以上），基本建成480万套。截至8月底，已开工650万套，基本建成400万套，分别达到年度目标任务的92%和83%，完成投资9500亿元[①]。随着保障房建设的逐步推进，保障房融资的风险随之凸显，这直接影响到整个保障房计划的实施。保障房融资风险问题同时也引起了房地产金融领域的相关专家学者的广泛关注。学者们对于保障房融资风险问题的研究，概括起来主要有以下两个方面：一方面是从投资者层面分析保障房融资风险，例如风险的分类、危害及控制；另一方面是从保障房融资风险对房地产市场、政府政策等的影响。国内主流的看法是保障房融资在财政资金渠道面临稳定性风险，在债务类融资渠道面临信用风险，在社会资金渠道面临法律风险，在金融渠道面临信用风险和市场风险（林铁钢，2012）。但是，由于保障房融资是一个新兴课题，国内外从事相关研究的学者较少，目前对保障房融资的研究多是从微观层面入手，主要从融资成本及收益率方面来分析融资难问题，少有涉及融资系统性风险问题的研究。随着保障性住房比例增高，保障房融资规模不断增加，对银行、政府甚至整个经济市场都具有重要影响。因此，本书将保障房建设融资的风险分为财政风险、金融风险和系统性风险三个类别。对于前两者，主要

---

① 《1～8月全国城镇保障性安居工程开工650万套，基本建成400万套》，住房和城乡建设部网站，http：//www. mohurd. gov. cn/zxydt/201409/t20140916_219036. html，2014年12月1日，2015年3月1日登录。

分析与保障房融资直接关联的风险，局限于个别项目直接导致的非全局性的风险，对于系统风险，主要分析具有系统性的保障房融资风险及其在财政和金融体系的扩散机制。

第一节　中国保障房建设融资的财政风险

住房保障已经成为政府的职责之一，其风险也大部分由财政承担。首先，是财政直接承担的风险，如公租房的风险全部落到财政头上。对于公建房，政府以低价供应土地的方式暗补，当前的财政风险较低，但是土地收入下降，影响政府未来的债务偿还能力。其次，是政府间接承担的风险。如作为政策性银行的国家开发银行组建了副部级的住房保障事业部，并从人民银行获得 3 万亿元专项再贷款。在再贷款的支持下，贷款利率远低于银行正常的房地产贷款利率，约低至 5.1%，但是风险最终落到财政身上。未来很多方面要靠发行一般政府债券，这也纯粹以政府信用进行支撑。此外，地方政府与中央政府存在谁来还钱的博弈，由于政府对债务约束并不敏感，所以政府债务特别容易膨胀。以下，本书将与保障房建设融资相关的财政风险逐一列举并分析。

一、隐性住房保障义务

（一）城市“夹心层”的住房保障需求

保障房的全称是保障性住房，保障性住房是与商品性住房相对应的一个概念。保障性住房是指针对中、低收入的家庭，政府实行分类保障，所提供的限定建设标准、供应对象和销售价格或租金标准，具有社会保障性质的住房。目前国内保障房体系主要由经济适用房、廉租房、两限房（限房价、限套型普通商品住房）、政策性公共租赁房、安居商品房、定向安置房、棚户区改造、自住房等住房品种构成。经济适用房、廉租房与公共租赁房是住房保障制度中的重要组成部分，是现阶段用来解决中低收入群体住房问题的有效措施，其经济性决定了能够满足中低收入家庭的承受能力，住房价格比市场价格要低，其适用性是指该房的设计和建筑标准满足居住要求。廉租住房制度是目前住房保障体系中最核心的组成内容，其主要有两种运作方式：一是对在市场里承租住房的家庭发放货币补贴；二是直接提供廉租住房即实物配租。限价房制度是通过限制住宅销售价格、限制土地价格的方式为中等收入家庭提供购买商品房时提供间接性优惠。政策性公共租赁房保障的是“夹心层”的利益，“夹心层”是因收入水平略高于当地最低生活保障被列入经济适用房供应的对象但实际上无能力购买的群体。其他的保障房制度，大多是在特定地区上具体问题的具体实施制度，表现出政府层面与市场层面间的一种互动，如自住房是北京市首次在2013 年推出的保障性住房和商品性住房的结合实例。

（二）流动人口的住房保障需求

1. 流动人口住房保障需求的既有观点

随着住房价格的大幅上涨和收入分配差距的进一步拉大，居民特别是中、低收入人群住房购买能力显著下降，住房问题日益成为关乎国计民生的大问题。流动人口是城市化时期城市中数量巨大的人群，尽管各地都在致力于住房保障体系的建设，但是这部分人群却很少被纳入到住房保障体系之中，深入调查研究流动人口的住房现状，最终找出解决这部分人群住房问题的方法和途径，特别是尽可能早日将这部分人群也纳入到社会保障体系中来，是未来各城市都不得不面对的重大问题。

住房问题是流动人口在城市生活遇到的最基本和最严峻的问题之一。居住条件对生活质量的影响具有决定性作用，而当前流动人口城镇住房制度下处于较不利的地位，基本被排除在城镇住房保障体系之外。根据国家统计局 2006 年的一个调查，有一半以上的农民工希望未来在城市发展和定居，对于住房的需求意愿十分迫切。

王晓云（2005）通过比较分析方法，阐述了小城镇流动人口的生活、居住现状，分析了影响其向小城镇彻底迁移的重要因素，探讨了流动人口迁居小城镇时存在的住房问题，然后运用城市经济学、房地产经济学等理论，深刻剖析了流动人口住房存在的问题，并探讨了其解决的办法最后在借鉴国外解决城镇中、低收入阶层住房问题经验的基础上，提出我国解决小城镇流动人口住房问题的一些对策措施及相关配套措施。林李月、朱宇（2008）基于对福建省福州市、厦门市、泉州市所做的问卷调查，探讨了不同流迁意愿下城镇流动人口的住房现状。调查表明，与当地居民相比，流动人口的住房选择方式有限、居住条件较差；与流动人口群体内部分化为几个具有不同流迁意愿的亚群体的事实一致，不同流迁意愿流动人口的住房条件、住房需求以及今后在住房上的打算也都存在着差异。在此基础上，针对上述问题提出相应的政策建议。毛丰付（2009）通过对杭州市内 4 区 374 份外来务工人员的问卷调查，对杭州市流动人口的基本情况、流动人口的住房特点、居住环境交通状况和居住等生活开支以及居住意愿等方面进行了比较分析，并据此提出了改进流动人口居住条件，促进城乡一体化发展的政策建议。侯慧丽、李春华（2010）利用北京市流动人口的调查数据进行分析研究，发现流动人口住房条件受到收入和在京居住时间这两个因素的显著影响，收入越高、居住时间越长，居住状况就越好。居留的稳定性对住房状况影响显著，但是工作稳定性没有对流动人口住房状况产生影响。因此，对流动人口应实行体现资产建设型的社会政策，普遍推行住房公积金的福利制度。王丽梅、张宗坪（2010）分析了城市流动人口住房保障问题，指出要解决城市流动人口的住房问题，必须从其本身、政府和房地产市场三方面入手，首先，提高城市流动人口的住房支付能力，其次，政府必须处于主导地位，建立覆盖面更广、更为合理的城市住房保障体系。最后，通过规范房地产买卖和租赁市场，鼓励房地产开发企业开发中小户型住房，面向社会出租，完善租赁市场服务和租赁价格指导体系，加强房屋中介市场管理，积极发展住房租赁市场。菅林鲜、张大勇（2011）指出我国城镇居民的总体居住状况近年有了很大改善，但仍然存在很多问题，进城务工人员和外地的大学毕业生等外来流动就业群体游离于政策和体制之外。公租房政策的出台给流动就业群体以希望，但公租房政策并不完善，我们在分析城市外地的流动就业群体的需求差异性基础上对现有的住房政策在解决住有所居问题上的局限性进行了剖析，提出加快发展公租房应是保障城市外来流动就业群体住有所居的一条可持续发展的新途径。此外，还有许多学者探讨了流动人口“市民权”及“居住权”问题（罗根，2006；陈映芳，2005；赵晓琴，

2008)，指出这些权利保障的缺乏导致流动人口特别是农村流动人口几乎没有购房的可能，建议政策重视这些流动人口的住房保障问题。

2. 流动人口住房保障的现实困境

北京市的流动人口住房保障问题非常具有代表性。基于对北京市流动人口的住房保障问题的实地调研，本书将流动人口住房保障的现实困境总结如下：

（1）流动人口购房能力差别较大，但整体严重不足。北京市流动人口主要包括经商人员、白领阶层和农民工为主组成的蓝领阶层。经商人员中有一部分成功者具有较好的购房能力，但大部分经营压力大，购房能力偏弱；白领阶层中一些年龄较大行业收入水平较高的的高收入群体也基本可以购买商品住房，但刚毕业的大学生群体以及行业收入水平较低的群体，购房能力也普遍不足；农民工中以建筑工人为主要代表的包括大部分传统服务业低收入者组成的没有长久留京意愿的群体，本身虽然没有购房能力，但也没有在北京市购房的意愿，但另一部分收入略高又想长久留京的群体购房意愿强烈但是购房能力也较弱。实地调研数据显示，在接受调查的流动人口中，有31.4%的人口打算长久留在北京市，但是这一群体中的购房比例只有44.9%，50%以上的打算长久留在北京市的人口没有能力购买住房，而且有近70%的流动人口之所以没有意愿长久留在北京市，也主要是因为北京市房价过高没有能力和希望购买住房所造成的。这些都反映了流动人口购房能力整体不足。

（2）流动人口住房环境较差，特别是居住面积偏小。北京市流动人口整体来看不仅购房比例低，而且住房环境也较差。这主要表现在三个方面：一是住房成套率较低。调查数据表明北京市流动人口居住单间楼房、平房和地下室的人口比例达到了47.6%，即将近50%的人口居住的住房没有完善的厨房厕所卫浴等设施，成套率较低。二是居住的环境较差。很多流动人口居住在地下室、城中村、隔断间和建筑工地，这些地方往往居住卫生、配套设施和居住安全等方面存在较多的问题，整体的居住环境较差。三是人均居住面积偏少。调查数据显示，绝大多数流动人口的居住面积达不到每人一间住房的标准，特别是部分住在隔断间、城中村和单位宿舍的流动人口，人均居住面积更为狭小。这三个方面反映了北京市流动人口人均居住环境较差。

（3）流动人口有孩子的家庭居住条件恶劣，分居现象严重。北京市流动人口中有孩子的家庭很多不能和孩子住在一起，或者住在一起但是居住条件较差。调查数据显示，有孩子的流动人口中40.9%的家庭没有和孩子居住在一起。留守儿童是中国流动人口目前普遍存在问题，北京市这一问题也相当严重。同时，那些能够和孩子居住在一起的家庭也有很多选择住在平房甚至地下室，环境较差，不利于孩子的健康成长。造成这一现象的原因，一是流动人口收入水平较低租住能力较差，二是部分流动人口家属留守外地，儿童只能跟从单亲生活，三是教育分割问题的存在导致流动人口的孩子在北京市上学难度较大，也导致部分儿童在外地上学。有孩子的流动人口不能和孩子居住在一起，或者和孩子居住在一起但是居住条件过差，这些都是需要通过一定渠道妥善解决的重要问题。

（4）适宜流动人口的住房供给过少，特别是低价租赁房。北京市提供的适合流动人口居住的住房过少。流动人口由于收入水平相对较低，购买住房或者租赁住房的能力都较弱，因而无论购买和租赁住房通常都倾向于面积相对较小但结构配套相对完善的住房，特别是对于购买成套小户型楼房青睐有加，对租赁简单装修单间楼房但配有公共卫浴和厨房的住房情有独钟，并且位置要求相对远离市中心但又不是在偏远郊区，这样交通相对方便而价格也可以相对低廉。但是，至目前为止，北京市的住房供给结构难以满足这些需求，甚至没有专门的住房租赁公司提供适宜长期出租的住房类型，只有正在推出的公共租赁房可以一定程度上满足这些要求，但是流动人口的申请程序又过于严格和繁琐，在一定时期内也难以满足流动人口的住房需求。适宜住房的供给过少，导致大量的流动人口居住在地下室，城中村，或者居住在群租房内，造成诸多的问题。

（5）住房保障较少惠及流动人口，或者限制条件过严。北京市流动人口数量巨大，特别是就业人口占据总就业人口的40%以上，为北京市的发展做出了不可磨灭的贡献。但是，由于户籍的限制，北京市流动人口特别是困难流动人口难以在住房方面享受到住房保障的好处。廉租房、经济适用房、限价房无一不是以户籍为门槛，将流动人口死死挡在了住房保障的大门之外，直接导致了北京市大量“鼠族”“蚁族”的出现。基于北京市的特殊性，北京市土地资源非常稀缺，与此同时，外来人口大量集聚，建造保障性住房的影响会涉及到诸多方面，同时，建造保障住房也需要巨额的资金投入，如何解决北京市大量的外来人口、大学生的住房保障问题将是北京市面临的特殊问题。北京市住房和城乡建设委员会2011年10月19日公布了《关于加强本市公共租赁住房建设和管理的通知》，将于2011年12月1日实施。该通知规定，外省市来京连续稳定工作一定年限、能提供相应证明且在本市无住房的人员，可以申请公共租赁房，这一规定打开了流动人口不能享受住房保障的坚冰，但是由于有工作年限的限制，仍将有大量流动人口被排斥在住房保障之外。

（6）低收入流动人口具有聚集倾向，容易导致贫民窟问题。北京市流动人口有很大一部分属于低收入群体，在北京市难以较好地发展，但是部分流动人口特别是农村流动人口，由于就业机会比外地农村就业机会大，收入水平也比在外地农村收入水平高，从而导致他们在大都市艰难的环境下坚强的生存下去。许多毕业不久的大学生阶层也怀着美好的憧憬留在北京市，拿着较低的收入，为未来努力奋斗和打拼。这些人既要在北京市生存，同时收入水平又低，又享受不到住房保障，从而容易在城市一部分住房条件差但租金低廉的地方形成聚集，突出的是一些城中村的形成。贫居群体在这些地区的聚集，会导致很多问题的出现：一是人口过度集中而又疏于管理容易导致环境脏乱差，安全和卫生状况堪忧，严重影响城市容貌和人们身心健康；二是容易导致社会阶层的分化，加深不同阶层的自身的特征认同，易于引起社会矛盾和社会冲突；三是由于这些聚集区购买力差和人员过于集中，导致公共社会和商业设施严重不足或者质量低劣，不仅影响城市整体发展，也对聚集区的贫居群体生活和出行造成极大的不便。采取措施治理或预防贫居群体的过度无序聚集，对于维护北京市稳定发展和维护贫居群体的自身利益都极为迫切。

二、显性的政府债务压力

（一）地方债务规模膨胀

发展改革委2011年6月发布通知，允许地方政府通过发债来建保障房，允许地方政府发行企业债融资建保障房，意味着清理地方政府融资平台的工作尚未开始就已结束，地方政府债务将继续膨胀。地方政府将面临巨大的财政风险。但是，政府担保机制尚不完善，根据我国政策，地方保障房融资偿付能力不足的，由本级政府统筹还款，但地方政府除财政收入外无其他大量收入，缺乏还款能力。最后，保障房建设的各融资渠道大多存在融资手续复杂、审批环节繁多的问题，关于保障房项目融资的制度性设计严重缺乏，缺乏一个统一的融资监管主体，融资手续过于复杂，现有的融资模式效率低下，资金回收期限严重影响资金使用效率。

在国家发展改革委《关于利用债券融资支持保障性住房建设有关问题的通知》的带动下，各地快速设立保障房投资公司作为融资平台，并主要以私募方式大量筹集保障房建设资金。这一融资机制保证了我国的保障房建设速度，在 2013 年年末，各地基本超额完成保障房建设任务。但是，保障房融资的可持续性问题也逐渐浮现出来，主要反映为保障房融资给地方政府带来的债务负担。截至 2013 年 6 月，用于保障房建设的债务已占到地方政府总债务的 6.5%①。尽管从比例上并非很高，但是保障房建设的资金缺口巨大，根据住房和城乡建设部 2013 年公布的数据，扣除财政资金和销售收入之后，保障房建设尚有一半以上的融资缺口②。因此，随着保障房建设的推进，保障房融资给地方政府带来的债务负担可能迅速攀升，并危及现有保障房融资制度的可持续性。从国际经验来看，与保障房相关联的住房保障问题并非局限在一时一地，而是长期存在，保障房融资制度不但要能够为当前的保障房建设筹集足够资金，还要满足后续的保障房建设资金需求，保持住房保障融资制度的可持续性是一个普遍性的问题。因此，需要结合发达国家的住房保障融资制度和我国的保障房融资经验，重点探讨住房保障融资制度的核心与可持续条件。

---

① 根据审计署公布数字数字计算，参见《全国政府性债务审计结果》，审计署网站，http：//www.audit.gov.cn/n1992130/n1992150/n1992500/n3432077.files/n3432112.pdf，2015 年 3 月 1 日登录。

② 齐琳、王晔君：《保障房资金需求今年超 2 万亿，业内判断融资缺口在 1 万亿以上》，载于《北京商报》2013 年 3 月 5 日，第 02 版。

（二）资金来源渠道不畅

保障房的融资离不开政府的参与，不管是政府直接利用财政资金支持，还是对参与融资的企业提供税收，土地优惠，都对地方财政的收入造成一定程度的负担，特别是在当前情况下，中国的保障房融资仍然过度依赖政府，导致政府的财政风险大大提高，一方面是地方政府财政资金缺口比较大；另一方面，由于保障房以保障性为主，作为一项固有资产，用于出租的公房收益具有长期性，在当前时期仅仅以租金或资产折现的形式体现，而在开发过程中，资金通常需要进行一次性支出，市场收益率往往很低，造成市场建设主体参与动力不足。很明显，无论是地方财政还是中央财政，都无法独自负担建设保障房所需要的巨额资金。尽管近年来一直在探索实施公积金盈余、中期票据、债券融资、保险和社保资金等新的融资模式，但除了少量的土地出让金净收益，基本上还是靠中央和地方的财政投入，新的融资渠道并不理想。其中，土地出让收入本应成为我国保障房融资的主要来源，但我国土地出让收入中为保障房融资的现行政策却存在着提取比例过低、计取口径不统一等严重缺陷。而地方政府对相关政策规定的执行不力、提取数额不达标，基于土地出让收入的支出项目中住房保障支出比例过低等现象进一步削弱了国家保障房融资政策的效果。贾康、孟艳（2013）发现，当前两年期保障房信托产品的年化收益率都在10%以上，这说明我国各地方政府在保障房建设承受巨大资金压力情况下，不得不以较高成本融入建设资金，这加大了地方财政风险。

三、保障房资金使用的低效率

（一）脱离住房保障需求的资金运用

住房保障存在显著的地区差异和寿命差异。保障房在不同地区政府中的分量不尽相同，对人口稠密地区很重要，对地广人稀地区并不重要。同样，在人生的不同时期，保障房需求也不同。但是，在现行政策下，保障房建设的整个过程几乎都受到政府的直接支配，政府既是保障房政策的制定者，也是保障房建设的投资者，又是保障房运营的管理者。这种高度集中的政府所有、政府垄断经营的管理体制，导致了资金使用效率低下、资源浪费严重、服务质量低劣等问题，增加了保障房融资的隐性风险。

利用融资平台筹集资金以政府信用为保证，实际是为政府财政筹资，但资金的筹集与使用不在财政预算管理范围内，使用随意性大，不利于强化地方政府债务约束，隐形债务的扩张也为地方财政带来巨大风险。一是投平台融资增加了地方债务数量，加大了地方债务压力。由于保障房使用者一般为中低收入公民，整体收益较低，如果出现收益无法覆盖发债成本，需要用地方政府财政收入或投融资平台收入进行偿还，容易加剧地方政府投融资平台风险，影响保障房建设的后续开展。二是由于政府投融资平台以企业债而非项目债的形式进行融资，资金进入地方融资平台后很难进行有效的监控，难以保证专项资金全部用于建设保障房，可能被借机挪作他用，形成风险隐患。三是地方融资平台一般会通过商业化方式直接在市场上融资，容易产生规模化效应。在保障房收益机制不明确的情况下，如果依靠财政资金作为隐形担保，忽略融资的风险控制和监督，可能会增加政府的财政风险。

（二）保障房建设存在挪用可能

现行监管的缺失，使得保障房建设存在资金挪用的风险，媒体报道，2011 年审计机关在对保障性安居工程进行审计时发现，有 29. 55 亿元专项资金被截留或挪用。审计署近日公布的 2011 年度中央预算执行和其他财政收支审计查出问题整改结果显示，其中 26. 99 亿元被截留挪用的专项资金已归还原资金渠道。”虽然事后追回了大部分被截留和挪用的专项建设资金，在一定程度上挽回了很多损失。撇开没能追回的资金不说，就算是一分不差地全部追回被截留和挪用的资金，也绝对不能说是“完璧归赵”。原因是任何资金都存在机会成本，一旦被截留或挪用，即使在事后被完整追回，也是机会成本的损失。其次，投融资平台面向商业银行提供的贷款和发行的保障房债券利率都高于 3%，而用于保障房建设的资金利润一般在 3% 左右，也就是说，参与保障房建设的利润不能够完全覆盖投融资平台的融资成本，因此，地方投融资平台可能会“借新债还旧债”，这会损害债权人的利益，累计增加地方政府投融资平台的债务风险。

除此之外，保障房的寻租空间较大，很多保障房被用来进行新房的补偿，并且众多的保障房形式对经济和社会的扰动非常大，建设中的寻租空间也很大。

第二节　中国保障房建设融资的金融风险

保障房建设融资本身是一项融资活动，对应的金融风险主要是项目风险。其中，违约风险和政策风险最为重要。

一、违约风险

保障房建设的后期回收风险大。社会资本担心政府是否在房子盖完之后保证回购，实践中也存在政府无力回购的现象。目前，人民银行征信中心已经对房地产信贷风险进行了较为详尽的分析。房贷数据显示其风险较低，但是大部分有房贷人群的评分较低，并且有房贷人群的征信评分波动较大。已有研究对保障房融资中的违约风险给予高度关注。张玉梅、王子柱、王青（2011）研究发现，由于保障房建设利润微薄，加之目前货币紧缩的背景，使保障房债券融资成本不断攀升，使得保障房融资的利息及本金难以偿还。邱峰（2012）认为“经济适用房”等产权性质的保障房由于政策的不完善以及执行过程存在混乱，容易引起寻租行为。而只租不售的“廉租房”和“公租房”由于资金回笼慢而很难吸引私人投资。因而保障房融资主要来源于政府财政，土地财政降低了地方政府支持保障房建设的动力，无偿划拨土地会导致地方政府土地收入锐减，地方财政容易陷入入不敷出的困境，进而影响保障房的建设。另一方面，地方政府普遍对保障房重量不重质，由于监管的缺失，保障房质量问题频频曝光，一旦出现质量问题，投资者的回款风险将大大增加。王石生（2012）认为，保障性住房特别是公共租赁住房，偿还及收益性受政策影响较大，难以通过市场化的方式实现资金偿还。另外保障房融资缺乏相应退出机制，私人投资风险相对较大。黄娜（2012）通过对保障房开发多元化融资的研究发现，银行贷款会受到房地产信贷调控政策、稳健货币政策、审慎监管政策以及利率调整的影响，各银行对原先承诺的贷款均以各种原因不放、缓放或者少放，使得保障房建设面临极大的资金不稳定性。陈信霖（2013）通过对中建八局参与投资建设保障房的研究指出，国有企业投资建设保障房面临的风险主要有通胀及成本上升风险、项目开发周期风险，以及销售款回笼风险。在保障性住房融资遭遇的困境方面，李佩珈（2013）指出，保障性住房融资机制存在的问题主要存在于财政投入不足、金融杠杆力弱、公积金增值收益规模小、土地出让净收益不具有可持续性、保障性住房投资回报低、社会资金介入动力不足、银行信贷缺乏担保及保险机制等方面。韦颜秋、游锡火、马明（2013）从准公共物品的角度出发，认为面向最低收入群体和低收入群体的租赁型保障房，由于外部效应的存在，准公共产品性质决定了其私人融资的不足性。也就是说，如果保障对象群体的收入水平相对越低，则私人愿意支付保障性住房的动力越低，因而其融资的不足性也就相对越大，避免社会福利损失的弥补性融资额相对越高，其融资风险相应越大。另外，我国现有的租赁型保障房融资方式均属于国家财政支出，当中央或地方财政由于特定原因吃紧时，租赁型保障房建设资金可能就会在一定程度上被挤占，建设资金供给存在极大的不稳定性。

住房保障项目缺乏流动性，使得违约风险进一步增加。首先，现行保障房政策没有明确规定可以出售变现，二级市场交易尚未建立完善的退出机制，使得投放出去的住房公积金很有可能成为不易变现的住房资产，丧失了住房公积金原有的流动性特征。其次，住房公积金用于保障房项目的贷款期限长达15年，违约风险贯穿在整个项目始终。如果公积金直接投资保障房，所涉及到的项目融资风险、资金流动风险、市场风险和政策风险等一系列潜在风险因素，需要引起高度关注，不可回避。其中，流动性风险最为严重。如果房贷类长期资产在银行资产负债表上累积，将银行流动性管理置于两难境地：维持充足的流动性资产可防范流动性风险，却会降低利润率；减少流动性资产占比可提升利润率，却会增加流动性风险。除此之外，信用风险也不可忽视。由于每个保障房的项目都需要巨资的投入，如此巨额的投资一旦出现违约，对银行的冲击很大。在我国这样一个金融市场并不多样化的国家，一旦某个国有银行出现了问题，哪怕问题不大，但是也会造成金融恐慌，尤其是储户的不信任，引起债券市场，股票市场的动荡，容易造成市场，社会不稳定因素。最后，房地产金融市场普遍存在信息不对称，房产开发商可以同时在不同银行申请项目贷款，保障房销售和回笼的资金很可能会分流到各家银行，同时由于部分开发商资金来源很复杂，公积金管理中心很难对其建设资金实行全方位的监控和科学合理的控制。一旦某些开发商故意采取欺瞒手段，为逃避还款责任进行资金转移，公积金管理中心的资金损失风险会非常大。

二、政策风险

中国的住房保障融资缺乏固定的模式。中国国内的保障房建设虽然各个地区采取的做法不一致，具有多元化和灵活化的融资特点，但目前基本上都是采用类似于“中央财政投入＋地方配套资金＋土地出让金＋公积金贷款及其收益＋融资平台或企业发行债券等”这一模式。在国外，各国中低收入家庭住房金融的模式不尽相同。其中，美国是以政府支持的住房信贷为主，新加坡是中央公积金模式（不同于中国的住房公积金），中国香港则是采取优惠信贷模式（如首次置业贷款计划、自置居所贷款计划等），英国对于承租公有住房的中低收入家庭，允许以分享产权的方式购买其承租供方的部分产权，其余产权由住房协会或者地方政府保留，购房者负责房租。另外，保障房融资模式的选择是国内保障房建设毋庸置疑的重要一环，但目前国内保障房建设其他环节遭遇的困难也不少。其一是保障房管理上存在骗租骗购的漏洞，退出机制亦不完善。其二是规划和设计不合理，而且新建的保障房质量和安全存在隐患，面积因素、价格因素等（如经济适用房）往往使居民“望屋兴叹”。除此之外，基于偏远地区地方政府财政不足，保障房后续建设难度较大。近几年中国房地产市场调控逐渐明确了保障轨道与市场轨道“双轨统筹”的运行模式，但从实践来看，这一运行模式还存在诸多问题，仍需要继续完善。在过去，地方政府对土地市场实际处于垄断地位。尤其是十八大报告中指出，要正确处理好政府与市场的关系。如何去厘清房地产领域中政府与市场的职能边界，建设稳定可行的住房保障体系，拓宽保障房建设资金来源和供给渠道，建立支持市场化租赁住房和住房补贴的筹融资体系，属于目前研究关注的重点。尤其是关于经济适用房是否应该取消、国外创新型融资模式 REITs 是否应该引入、廉租房融资模式是否需要改进、公共租赁房是不是解决“夹心层”利益的最终出路、廉租房与公租房并轨后如何管理等方面的问题，需要当今学界进行更多深层次的探究。

此外，保障房建设融资的法律与规章尚不健全，进一步增加了其中的政策风险。在法律方面，我国《信托法》的规定与 REITs 需能够在市场上公开发行和公开转让的要求有所冲突；在税收方面，REITs 公司需要缴纳相应税收，而 REITs 投资者还需要缴纳个人所得税等，可能会带来当事人对重复征税的顾虑；在房地产转让方面，房地产的产权转换手续繁琐会降低 REITs 的运营效率；在监管方面，目前中国人民银行和证监会都从不同角度对 REITs 的发展和未来监管提出了相应思路，但存在多头监管的倾向。这些都是 REITs 应用于保障房融资所存在的政策风险。

第三节　中国保障房建设融资的系统性风险

系统性风险原则上不算一种单独的风险，而是各类风险的外部化。但是，当这种风险的外部化已经足以威胁到整个金融体系乃至宏观经济时，风险中的外部化部分及其形成机制便需要单独考虑，由此产生了系统性风险。

一、系统性风险的界定

保障房建设涉及政府、购房者、建设方等多个主体，此外，保障房的建设涵盖了建筑材料供应商与生产商、房地产开发企业、政府部门、金融机构、个人购房者等多个环节，其中的任意一个环节如果出现问题，都可能引发保障房融资出现问题，导致工程延期或停工。但以上种种因素并非一定都是影响保障房融资的系统性风险。在系统性风险的定义中，强调经济冲击或者机构违约导致的一系列严重后果，其中包括市值的剧烈波动或者巨额的损失，因此，有必要对保障房融资的系统性风险进行清晰的界定。

（一）系统性风险与系统风险的区分

保障房融资风险包括系统性风险与非系统性风险两个方面，而非系统性风险可通过分散化消除。系统性风险（systemic risk）不同于我们通常讲的系统风险（systematic risk）。系统风险来自于证券组合理论中的CAPM模型，指的是证券市场中无法通过分散投资得以消除的风险。而系统性风险则是指发生的系统事件（金融机构或金融市场）破坏金融系统乃至国家经济的风险，这是金融监管机构进行宏观审慎监管的依据和基础。

已有文献中所称的保障房融资，通常特指保障房建设融资，其庞大的融资需求中蕴含较高的系统性风险。国际金融危机的经验表明，在金融机构面临的各类风险中，与系统性风险关系最密切的是违约风险，系统重要性金融机构的“大而不能倒”概念也与违约风险直接相关，所以大面积的违约风险是系统性风险的主要构成。虽然金融机构会对保障房融资中各种金融产品的违约风险进行鉴别并管理，但是这些风险管理工作仅针对个体的违约风险。我们认为，保障房融资中存在具有普遍性的政府信用与金融机构信用错配，这些信用错配会掩盖保障房融资的真实风险，并使得高风险的风险资产被大规模引入金融机构。这一影响具有普遍性，并可能在某一时刻形成风险的集中爆发，具有系统性风险属性。

（二）学界对保障房融资系统风险的分析

保障房融资需求超出了政府所提供的资金规模，2013年，城镇保障性安居工程完成投资额11200亿元，而各级财政实际用于保障性安居工程的支出约为3816.72亿元，出现较大的融资缺口。这一融资缺口将在未来年度持续出现，为保证保障房融资需求能得到满足，既有的研究主要分析如何拓宽保障房建设的融资渠道。为此，一些学者致力于介绍和引进国外的保障房融资经验，强调政府需要介入保障房融资，提供资金支持或信用支持（高广春、侯菊萍，2011；张玉梅、王子柱，2014）。另一些学者侧重于制度设计，着重研究如何引进银行、保险等金融机构的资金，或是通过公积金、债券市场等渠道引入私人资本（路君平、糜云，2011；贺燕，2014），公私合作（PPP）模式下的保障房融资制度安排也得到较深入的研究（陈华、张梅玲，2012）。由于融资制度包含风险分担机制，所以保障房建设的融资风险也常常作为保障房融资制度研究的组成部分，相关研究从资产收益率、抵押担保、现金流、行业准入、企业认知和政府监管等多方面考虑保障房融资制度中蕴含的风险（唐志新，2011；寿君燕，2014）。但是，这些研究侧重的是保障房融资本身的风险，并未考虑到保障房融资对金融体系乃至宏观经济的系统性风险。总的来看，国内文献对于保障房融资会造成的系统风险的系统性讨论较少。针对保障房融资的系统风险研究，国内学者主要从政策、市场、银行三个方面在保障房融资过程中可能存在的风险进行研究。其主要观点可以归纳为以下两个方面：一是增大政府财政风险，进而增加整个系统安全性风险；二是现行的保障房融资制度缺乏安全性和流动性，增加了整个金融系统的风险。陈林（2013）认为，商业银行保障性住房贷款面临的系统风险主要有政策风险、法律风险、贷款担保风险、房地产经济波动风险以及房地产价格内在波动风险。

在国外的保障房融资研究中，发达经济体和新兴经济体学者的关注重点存在较大差异。对于发达经济体的学者而言，由于政府在住房保障中的角色由直接供给者和资金支持者转向监管者和协调者，所以保障房融资并非直接的研究对象，更多研究集中在保障房与商品房之间的密切联系与相互竞争（Christian Lennartz etc.，2012），以及房地产市场周期，尤其是萧条时期对政府住房保障政策的挑战（Emma Mulliner etc.，2013）。对于新兴经济体学者而言，保障房融资问题被视为重要的关注点，但是对于我国学者密切关注的公私合作模式，一些新兴经济体学者的研究却得出无助于改善低收入人群住房保障水平的结论，受益者反而是中高收入人群或私人开发商（Yap Kioe Sheng，2002；Eziyi Offia Ibem，2011）。相对于保障房融资研究的缺乏，发达经济体学者对住房市场融资及其系统性风险的研究却比较深入，已有的研究已经开始构建住房融资导致系统性风险的结构模型，并进行系统性风险度量（Lars Peter Hansen，2012；Zhiguo He etc.，

2014）。

综合国内外的研究来看，我国对保障房融资的研究目前大幅滞后于国际前沿，缺乏建筑在经济模型上的保障房融资系统性风险研究，并且极少关注保障房融资中金融机构信用与政府信用的关系，因此，需要补齐这保障房融资研究中缺失的环节。

二、系统性风险的识别

任何项目的风险都有外溢的可能，但是只有当对金融体系乃至整个经济产生巨大冲击才能称之为系统性风险。所有的风险在发生时都会对金融体系有或多或少的影响，当提及系统性风险时，通常不是考虑系统性风险的有无，而是系统性风险的高低，即是否具有系统重要性。这也是我们没有将保障房建设融资所带来的财政风险和金融风险均称为系统性风险的理由。要具有系统性影响，首要的一点是有巨大的规模。如美国，是因为房地美和房利美的资产已经很高，具有系统重要性，之后才具体考虑系统风险问题。为识别保障房融资的系统重要性，我们借鉴系统重要性金融机构的识别。周强、杨柳勇（2014）的研究表明，与市场模型法相比，指标法在我国具有较高的有效性，可作为系统重要性的识别基础。因此，我们从规模、关联性、可替代性和复杂程度四方面对保障房融资的系统重要性进行识别。

（一）庞大且高速增长的融资规模

出于住房保障的需要，我国金融监管部门对保障房融资采取相对宽松的监管态度。在历年的房地产市场调控中，均将保障房融资与商品房融资区别对待。在此推动下，除财政资金之外，银行、信托、资本市场、住房公积金和保险资金纷纷介入保障房融资领域。但是，与我国的金融机构相适应，保障房主要的资金来源仍然是财政资金和银行资金。如表4－1～表4－2所示，我国用于保障房建设的财政支出已经达到较高的规模，保障性住房贷款余额也已达到较高的规模并有极高的增速。保障房建设规模仍持续在较高水平，2015年，住房和城乡建设部制定了新开工700万套、基本建成480万套的保障性安居工程建设计划，与2014年的完成数基本相当，这意味着保障房的融资规模还会进一步上升。

表4-1　　各年度保障房建设计划及完成情况

年度	建设计划（万套）	实际开工（万套）	实际完成（万套）	完成投资（万亿）
2011	1000	1043	432	1.30
2012	700	781（至10月底）	505	1.08
2013	630	666	544	1.12
2014	480	720（至9月底）	470	—
2015	790	—	—	—

资料来源：张冬梅、葛励闻：《"十二五"期间我国保障性住房建设进展与思考》，载于《经济纵横》2015年第3期。

表4-2　　主要保障房融资渠道的融资规模　　单位：亿元

	2012年	2013年	2014年上半年
各级财政实际用于保障性安居工程支出	3800.43	3816.72	1521.03
	2012年年末	2013年年末	2014年第三季度末
保障性住房贷款余额	5711	7260	10409

资料来源：财政部网站、中国人民银行网站。

（二）广泛且不断延伸的外溢影响

与商品房项目不同，如果采取纯粹的商业化运作方式，那么保障房项目通常缺乏足够的现金流来弥补融资成本，廉租房与公租房项目尤其如此。为保证银行资金或私人资金能够得到合理的回报，政府必须以某种形式介入，包括既有的地方融资平台和正在推广的PPP融资模式。其结果，是保障房融资中一旦发生违约，则财政与银行等融资渠道都会受到冲击。

不仅是违约风险，保障房融资的价格波动等风险也会外溢。以价格风险为例，保障房融资收益率较低，需要中央银行、金融监管机构和政府部门的支持，而这些部门的支持对象主要是大型商业银行和政策性银行。这就使得保障房融资的资金主要来自于少数大型金融机构，并在这些大型机融机构中形成较大比重的保障房相关金融资产。若保障房相关金融资产的价格发生波动，则这些大型金融机构的资产组合、收益率等均会随之变动。这些大型金融机构通常属于系统重要性金融机构，对这些机构而言具有重要影响的保障房融资也就具有了系统重要性。

保障房融资的风险会外溢到财政领域。目前，广受关注的是地方政府因保障房融资而形成的债务，但是，由公众期望而产生的财政支出压力也需要得到关注。当财政对保障房支持的力度过高时，保障房融资的成本虚减，此时无论以边际成本进行决策还是以平均成本进行决策，都会提高保障房建设的规模，并形成公众对未来较高住房保障水平的预期，从而在未来要求更高的保障房融资规模，直至超出地方政府对保障房融资的支持能力。

（三）集中且难以替代的融资平台

租赁类保障性住房和销售类保障性住房存在较大差别。后者虽然收益率低于商品房，但是资金回笼快，可以由房地产开发企业作为承贷主体，后者因租金收益较低，资金偿还压力大，其承贷主体通常是受政府支持的专门的保障房融资平台。这就使得保障房融资平台成为保障房融资风险相对集中的节点。一旦保障房融资平台出现资金链断裂，那么短期内很难有可供替代的融资机构。

对地方政府财政收入来源的规范使得保障房融资平台更加集中且难以替代。根据 2014 年 9 月《国务院关于加强地方政府性债务管理的意见》，基层政府的融资平台公司剥离政府融资职能，不得新增政府债务，基层政府确需举借的债务由省级政府代为举借。由于银行只有在可获得某种形式的政府担保时才可提供贷款，所以保障房融资实际上对应着基层政府的隐性负债。在举债主体上移之后，保障房融资也从基层政府的融资平台集中至省级政府的融资平台，这使得保障房的融资主体更加难以替代。

（四）隐含且日趋复杂的风险链条

保障房融资的风险被商品房市场的繁荣所掩盖。在商品房市场高涨时，不但销售类保障性住房的销售容易实现，而且租赁类保障性住房也有较高的需求。但是，这是在房地产市场繁荣时期得出的结论。在房地产市场低迷时期，商品房销售量下降，甚至房价下跌，此时住房保障需求下降，销售类保障性住房的销售收入难以保证，租赁类保障性住房也失去吸引力而存在大量闲置的可能。

保障房融资中隐含的风险在很大程度上由政府不确定的政策与法规所引发。一是法律规范的缺乏。我国正在鼓励保障房融资创新，但是 REITs 等金融工具的上市与流通缺乏制度规范，《银行间债券市场房地产信托受益券发行管理办法》等法规仍在制定过程中，各类保障房融资创新模式的合规性仍是不确定的。二是偿债资金来源的不确定性。保障房融资通常要求相应融资平台自担风险，这些融资平台通常受到地方政府支持，由地方政府提供特许权，并以特许权作为获得偿债资金的重要保证。随着我国省级以下的财政体制改革，地方政府可能会失去这些特许权的赋予权力，从而使保障房相关债务的偿还失去相应的资金来源。三是地方政府对保障房融资支持力度可能弱化。我国的住房保障计划是由中央政府制定，省政府总体负责，市县地方政府执行，中央财政补助一部分建设资金，地方政府需要承担保障房住房建设的一系列责任，其中有土地供给、居民拆迁和筹集大部分建设资金。由于保障房用地是无偿的，而土地出让收入是地方政府财政收入的主要来源，所以保障房建设增加了地方政府的财政压力。在我国目前的财政体制下，基层政府财力不足的问题已经日益突出，在财力不足达到一定程度之后，基层政府可能减弱对保障房融资的支持力度。

我国的衍生证券市场尚不发达，保障房的风险传导链条远低于美国等西方国家。但是，未来的保障房融资链条有不断延长的趋势。一个方向是向私人部门的延伸。为吸引私人资金参与保障房建设，为缓解保障房建设资金压力，政府部门大力推动保障房融资模式创新，尤以房地产投资信托基金（REITs）最受关注。保障房 REITs 融资的资金来自不同行业，其收益波动会连锁将影响相关投资行业资金链，导致多米诺骨牌效应。另一个方向是向人民银行的延伸，保障房融资日益依赖人民银行的再融资支持，以获得低成本的资金，从而将风险传导至货币供给过程之中。

三、系统性风险的机制

（一）公私合作模式的风险外溢

为减轻保障房建设的财政压力，政府往往会倾向于引入私人资本。但是，在公私资本合作的同时，风险传导的渠道也建立起来。李军（2013）基于模糊影像图的保障住房 BT 融资项目风险的研究表明，BT 模式作为一种吸引社会投资、解决保障性房建设关键瓶颈即资金需求的有效方式，近年来在保障性住房建设中得到了尝试性应用。大型保障性住房 BT 融资项目具有涉及面广、法律关系复杂、影响因素多、工程量大、工期长、占用资金庞大、回购期长、融资结构复杂导致存在大量的不确定风险性因素等特点，决定了保障性住房 BT 融资项目的风险性。冯辉（2013）通过对世界各国保障房融资的研究发现，保障房融资主要有两种模式：一是合同管理机制的创新，比如传统的 BOT 模式以及新兴的 PPP 模式，这种模式可以提高融资效率并增强政府的融资能力，其主要风险在于融资的绩效受制于既有的金融资源，而且退出机制的不完善往往导致社会资金踌躇不前。二是金融衍生工具的运用和创新，比如 REITs，其优点在于利用金融的杠杆效应显著放大社会的金融资源以及政府的组织能力其缺点则在于潜在的、内生的、系统性的风险比较大，倘若缺乏有效的法律规制则往往得不偿失。就国内而言，保障房融资除了依靠土地出让金、直接性的银行贷款、财政拨款等传统方法以外，当下的主流是两种进路：一是放开政策，动员各种社会力量参与供给。比如允许并鼓励符合条件的企事业单位自建保障房，或通过土地供应政策税收政策、价格政策等调动开发商参与保障房建设的积极性，这种利用经济手段激励开发商投资保障房的模式固然比行政命令或强制要科学得多，但往往受制于开发商的意愿以及资金回报约束而难以形成规模效应，无法成为保障房融资的中流砥柱。二是通过地方融资平台公司筹集资金。地方融资平台采用商业化的机制直接向市场融资，容易产生规模效应，缺点则在于地方融资平台的运作对风险控制有严格要求，倘若仍然依赖财政作隐性担保而忽视融资的风险管控，在保障房收益机制尚不明晰的情况下，往往会增加整个金融业的系统性风险，全面且有效的法律规制必不可少。

（二）信贷资金的大量投入

银行是我国金融体系的核心，保障房建设大量引入信贷资金，也将风险传导给银行业。银行作为金融媒介，是保障房资金最重要的来源之一，如果银行出现风险，将会引发资本成本升高或者资金流动性减少，带来系统性冲击。张勇（2014）研究认为，我国保障房融资严重依赖财政性资金和银行贷款。就政府而言，连年增加的财政支出，不仅浪费了财政资源，更增加了财政预算压力。对于银行来说，巨额银行信贷资金投入保障房建设，埋下了很大的系统性风险隐患，不利于金融市场的健康发展，发放保障房开发贷款的银行也面临着较高的流动性风险和资产负债期限错配风险。如果由于某种外生冲击，导致某一银行或某几个银行失败，随之导致其他银行失败，其他银行失败又导致另外一系列银行的失败，并有可能使银行系统失去其基本功能，进而传染到其他金融部门或者其他企业，这就说明最初的某一银行或某几个银行失败引发了系统性风险。中国的国有银行资金雄厚，又有国家财政做支撑，所以一般不会出现资不抵债的情况。但是，这并不能认为这种风险传染的事情不会发生。在一个封闭的银行系统中，当遭遇到信任危机时，对银行而言无异于一场灾难。由存款人的相互影响导致的传染效应，会使银行从根本上失去资源配置功能。此时，政府若不采取措施，后果极其严重。对于银行间市场，由于银行系统性风险具有传染与扩散效应，并且这种传染与扩散效应具有自放大性。所以单个或个别银行失败会对其他银行产生不利影响，甚至导致其他银行的失败，形成第一轮传染与扩散效应；随着其他银行的失败，又会引发其他更多的银行的失败，形成第二轮传染与扩散效应；第二轮传染与扩散效应又会引发第三轮传染与扩散效应，依此类推，以致使银行系统性风险逐级扩散，最终影响到整个银行系统，甚至扩大到银行系统之外的金融系统或经济系统。因此，限制银行在银行间市场的风险暴露数额，或增大银行的资本，有利于减弱或控制由银行间市场引发的传染效应。因为债务损失率越大，传染效应越显著。而拖延问题银行的解决，往往导致其清算损失率提高。

本书将以下事件作为潜在的银行业风险，一系列银行违约事件的出现仍然是系统性风险重要的标志。

1. 银行挤兑

在银行券流通的条件下，银行券持有者争相到发行银行券的银行要求兑现贵金属货币的现象。当一家银行的信用发生动摇，准备金不足，银行券兑现发生困难，就会发生挤兑。挤兑可能使一家银行倒闭，甚至波及整个银行业。现在一般是指存款户集中地大量地到银行提取现钞。尽管银行挤兑发生的概率很低，但近年来却在全球频繁出现，如2007年的英国诺森罗克银行挤兑事件，2008年中国香港东亚银行挤兑事件，以及国内的1999年沈阳市招商银行挤兑事件和2014年江苏省射阳县农村商业银行事件，如果一旦作为保障房资金来源的银行发生挤兑风险，将会构成对保障房融资的系统性风险。

2. 银行巨额损失

1995年2月英国贵族银行—巴林银行因交易员尼克·李森的违规交易损失12.5亿美元从而破产，2008年法国兴业银行因交易员杰洛米·科维尔违规操作损失71亿美元险些破产。如果银行出现巨额损失，无论是因为投资失败，或是风控不力，其结果可能是倒闭破产，因为外部性的原因很可能引发一连串的风险事件，从而构成保障房融资的系统性风险。

3. 借贷利率波动

借贷利率涉及到通货膨胀风险，而通货膨胀主要通过影响收益率来产生系统性风险。通货膨胀率会直接影响到保障房的实际投资收益率，并且保障房融资资金来源中包括地方政府债和商业银行贷款，要以名义收益率减去贷款利率或者债券利率以及通货膨胀率来计算实际收益率。所以，如果通货膨胀率比较高，一方面会使保障房建造材料成本提高，而保障房价格是由政府管控的，相对比较稳定，保障房建设的利润会相应缩减；另一方面，保障房投资的实际收益率会降低甚至为负值，这会直接影响到地方政府偿债能力及银行回款率，进而削弱地方政府的公信力和银行的资金流。

（三）保障房与商品房的混淆

仅从名义上区分保障房与商品房并不能达到实现住房保障并隔离风险的目的。从其本质上看，保障房是住房市场上弱势群体的住房需求，而不应是调控商品房市场的手段。然而，由于政策与房地产开发过分偏重“市场化”，我国保障房投资额占商品房投资额的比例不断降低，保障房建设速度远远落后于商品住宅。近年来，由于在实践中对商品房过度投机炒作、地方财政越来越依赖土地出让金，加之通货膨胀等原因，导致商品住宅价格迅速上涨，造成了诸多社会问题。最显著的影响，是保障房的价值已经与商品房高度相关。保障房的需求者反而关注保障房的升值潜力，随着经济增速下降，大量住房已经无法售出。如果房地产市场泡沫破裂，保障房的价值可能大幅下降，失去吸引力。目前，保障房中具有产权的部分类型已经达到平衡，无产权的廉租房与公租房的风险要大一些。

保障房与商品房相混淆，使得保障房与其住房保障功能脱节。

脱节的第一个表现，是未面向应保障人群。在管理上，首先是资格审核漏洞主要体现在收入核查不准确、房产核查体系不完善、政府部门信息不共享、入户家庭调查不及时和审核监督程序不科学五方面。其次是监管缺乏主动意识，影响监管工作的有效执行。由于保障性住房监管工作需要投入大量的人力、物力和财力，而在地方财力有限的情况下，部分地方政府对保障房监管的积极性、主动性明显不足，存在应付了事的现象。我国保障性住房建设项目大多选在城市边缘地区，城市边缘地区基础设施建设不完善或尚处缺失状态，会造成聚集在此的低收入人群在交通、就业、医疗、教育等方面的诸多不便，增加生活成本、减少就业机会，甚至会导致贫者愈贫、富者愈富的社会两极分化现象。并具有较明显的空间聚集特点。从我国大中型城市保障房建设情况看，绝大部分保障房居住区都距商业中心和医疗服务中心较远，基本无法保障低收入人群在第一时间获得社会公共服务。

脱节的第二个表现，是未提供应保障水平。部分地方政府对保障性住房的设计、施工、监理、验收、质量等环节仍存在把关不严问题。例如，在质量上，个别工程还在使用不合格建筑材料，建设“豆腐渣”工程，致使保障房出现墙体裂缝、地基塌陷、漏雨透风等质量、安全隐患，不仅无法居住，有些甚至需推倒重建，造成资源的极大浪费。

脱节的第三个表现，是未适应保障人群的变化。目前我国的保障房进入与退出机制并不完善。对保障性住房而言，审查与核实入住对象的收入情况困难较大。首先，中低收入人群的条件设定，即已说明被保障人群基本上是不具有稳定工作和收入来源的，他们大部分人是自由职业者，这就使资格审查困难重重。其次，即便部分中低收入人群有稳定的工作，但由于其就业方向和种类多种多样，相关部门也难以核实其真实的收入状况。

最后，还存在少部分人群借机搭乘保障性住房的便车，欺骗审查部门，隐瞒其真实收入情况，以通过入住申请或拖延退出。

脱节的第四个表现，是流动人口的保障不足。人口流动使保障房建设呈不均衡态势，目前我国各地保障房建设与分配基本是以常住人口和户籍人口为标准确定的，同时地方政府也是按该标准统计上报中央的。因此，住房和城乡建设部向各省市下达保障性住房建设数量和目标，是根据该地区中低收入人群数量来确定的。但该数量和目标的确定忽略人口流动的影响。随着我国经济快速发展，人口流动速度也不断加快，这使各地区中低收入人群的人口数量出现较大变化。越来越多事实表明，人口流动是造成房地产市场混乱、保障房建设与分配推进困难的重要原因之一，也是造成大城市保障房供不应求，而中小城市及小城镇保障房反而过剩的重要原因之一。

（四）保障房融资的调控工具化

保障房的主要目标是满足住房保障需求，但是，我国的保障房也成为房地产调整政策的组成部分，使得保障房建设及其融资调控工具化，偏离了住房保障的主旨，并因调控政策目标与体系的变动而产生系统性的冲击。

1. 作为调控政策工具的保障房建设

保障房的首要作用是实现住房保障目标。最初，保障房体现为住房实物分配，是我国住房保障的基本实现形式。在 1998 年颁布《国务院关于进一步深化城镇住房制度改革加快住房建设的通知》之后，我国推进住房商品化、社会化，以住房分配货币化取代住房实物分配。其基本构想是建立和完善以经济适用住房为主的多层次城镇住房供应体系，以经济适用住房和廉租住房形式的保障房满足中低收入家庭的住房需要。但是，随着住房市场的长期高度繁荣，原有的经济适用住房和廉租住房体系已经难以满足房价收入比上升所带来的巨大住房保障需求。同时，平抑房地产市场的过度繁荣也连续多年成为中央政府的重要政策目标。这使得保障房建设除了满足中低收入人群的住房保障需求之外，还肩负起稳定房地产市场的任务，主要是在房地产市场高涨时期分流住房市场刚性需求。

2. 从调控工具变为风险源

保障房建设给融资机构和地方政府带来巨额债务，通常认为，风险程度与债务规模成正比，随着保障房融资规模的快速增长，保障房的融资风险问题也逐步浮现。在住房保障与房地产市场调控形势比较严峻时，保障房建设作为调控政策工具具有较高的边际收益，可以容忍较高的风险，但是当房地产市场走向低迷之时，保障房建设作为调控政策工具的边际效益下降，风险容忍度也相应下降。中央经济工作会议公报是中央政府宏观政策的风向标。2012~2013 年，我国的住房市场快速上涨，在 2013 年的中央经济工作会议公报中，以较大的篇幅强调加大保障性住房建设和供给；但是，2013~2014 年，我国的住房市场出现低迷，在 2014 年的中央经济工作会议公报中，不再提及保障房的建设与供给，而是着重强调控制以高杠杆和泡沫化为主要特征的各类风险。这并不意味着保障房建设的退出，而是意味着由于不必通过保障房建设来抑制房地产市场的过热，政府由关注调控工具的有效性转而关注调控工具蕴含的风险，保障房融资风险问题变得更加重要。以高杠杆和泡沫化为特征的风险将外溢为系统性的经济风险，所以对保障房融资风险的关注实际上是对保障房融资中系统性风险的关注。

3. 政策波动带来系统性冲击

在保障房建设成为调控政策工具之后，最终引发系统风险的可能是保障房之外的因素，如税收制度变化使得地方政府对土地财政的依赖更加严重。中国目前的商品房市场受政策影响较大。由于保障房用地是无偿的，而土地出让收入是地方政府财政收入的主要来源，地方政府会迫于中央政策的压力建设保障房，如果中央政策改变，都会影响保障房建设的积极性，从而会产生保障房融资的系统性风险。这主要包括以下两个方面：

（1）保障房建设任务政策的变化。因我国保障房制度尚未完全确立，保障房建设受国家发展战略影响较大，国家对于保障房发展战略的变化将对保障房的融资产生重大的影响，这其中包括财政拨款等多方面的影响，如 2011 年国家发展改革委表示在接下来 5 年时间里，要建设城镇保障性安居工程 3600 万套，使保障性住房的覆盖率达到 20%。

（2）税收政策的变化。我国目前实行的税收制度是分税制，中央税收增长大于地方税收，地方政府财力有限，同时我国地方政府过度依赖土地财政——土地出让金，而通过我国住房保障制度可以发现，住房保障计划是由中央政府制定，省政府总体负责，市县地方政府执行，中央财政补助一部分建设资金，地方政府需要承担保障房住房建设的一系列责任，其中有土地供给、居民拆迁和筹集大部分建设资金。如果税收政策变化，将极大地改变目前保障房的资金来源，影响其建设进度与规模，形成保障房融资的系统性风险。

正是保障房建设及其融资的调控政策工具化，使得保障房建设与融资不再以住房保障为单一的政策目标，在增加保障房建设及其融资本身风险的同时，也使其影响通过其他政策渠道传导到整个宏观经济。

（五）金融创新的冲击

保障房融资领域的金融创新有其必要性。保障房建设融资难现成为学者关注的焦点问题，大部分现有研究结果显示，我国保障房融资是制约其建设发展的最大瓶颈，做出改变已迫在眉睫。王千（2011）认为我国房地产金融发展远落后于房地产市场的发展，迫切地需要改革。曾广录（2011）认为，目前保障房体系之所以没有很好地解决低收入群体的住房保障问题，最重要的根源是因融资主体单一、融资方式有限所造成的资金短缺问题，所以探索扩宽新型融资渠道很有必要。

在这基础上，一些学者也提出了具体的解决手段，其中不少涉及到金融创新。路君平，糜云（2011）认为当前制约我国保障性住房建设规模和建设速度的最主要瓶颈是资金投入不足、融资渠道有限，非常有必要进行金融创新，并充分发挥商业银行以及债券市场的功能，确保我国保障房建设的可持续性。何元斌，王雪青（2013）认为保障性住房的投资回收周期长、经营管理复杂等特点，使得社会资金介入的动力不足，提出了开展金融创新，促进资金贷款证券化的金融工具的建议。

金融创新自20世纪60年代以来层出不穷，尤其是20世纪90年代以来以美国为首的发达国家在该领域做出了突出的贡献。在2008年之前的研究中，金融创新被广泛地认为是促进经济正向发展的工具手段。金融创新指的是新的金融产品、服务、技术、流程和制度的创造和扩散过程（殷孟波、许坤，2012）。尹龙（2005）认为，金融监管是金融创新的一个动因，金融创新又促使金融监管体制的进一步完善，两者之间是一种正向的博弈关系。金融创新和金融监管之间存在着一种“监管—创新—再监管—再创新”的良性博弈动态循环。戴南、埃尔门多夫、西奇尔（Dynan, Elmendorf and Sichel, 2006）认为金融创新可以实现风险转移和分散，部分解决信息不对称下的代理成本过高的问题。格林布莱特和朗斯塔夫（Grinblatt&Longstaff, 2000）认为金融创新可以从时间上和空间上提高交易的可能性，增强资本流动性。

但是，自 2008 年金融危机以来，学界对金融创新的正面态度急转直下，它的负面影响也在被不断挖掘。屈波（2009）认为金融创新又具有很明显的“双向效应”，是一把双刃剑。凯思琳 · 乔吉（Kathryn Judge, 2011）就认为住房贷款证券化的金融创新产品是导致 2008 年金融危机爆发的重要原因。殷孟波、许坤（2012）认为，金融创新的高杠杆蕴含着巨大的风险，可能导致危机。石睿（2011）认为，金融创新的复杂性和“捆绑效应”使得各个金融机构的风险（系统风险和表外风险）在整个金融体系中被放大，从而带来脆弱性，最后可能波及整个系统。保罗 · 克鲁格曼（Paul Krugman, 2009）甚至指出 1980 年以来的金融创新并没有带来真正的生产力提高。

对于金融创新，目前的主流意见认为要积极鼓励，并适度监管防止“泡沫”的形成。秦建文等（2009）认为金融的改革和创新应当立足并服务于实体经济，立足虚拟经济与实体经济平衡，防止与实体经济“疏远化”，促进产业资本和金融资本的进一步融合。而且金融监管与金融创新必须协调发展，并要避免监管的分散。孙浦阳等（2012）提出政府应该鼓励金融机构进行与技术进步、企业创新密切相关的金融创新。可以看出，针对金融创新，大部分学者还是持肯定的意见，但受到金融危机的影响，金融创新在近些年也饱受诟病，但是历史证明了它的存在确实起到了促进经济的作用，在政府适当的把控监督之下仍将是起到关键作用的手段。

针对具体的保障房融资的金融创新工具，学者们有以下一些成果。巴曙松等（2006）分析了廉租房建设融资的创新趋势，并对融资创新的新发展路径做了总结，包括：房地产证券化、房地产租赁、房地产信托投资基金（REITs）、项目融资和住房建设公债。何芳等（2007）介绍了廉租房建设融资的公私合作（PPP）模式、信托投资基金（REITs）、证券化模式和租赁模式等新型金融工具。组晓青（2011）针对安阳市的保障房建设展开研究，认为资金、公积金运作不规范、缺乏政策性担保体系是保障房融资运行的很大障碍。需要从多方面进行调整和改革，包括采用 PPP、PFI 等新型融资模式。曾广录（2011）针对保障房的融资难和管资难两大问题，运用博弈论和经济学原理进行理论分析，又以现实情况作经验分析，提出了弥补融资不足的主要方法途径。高小慧，任旭（2012）对建筑—移交（BT）模式在保障房建设融资中的应用进行分析，简述其优缺点，并基于此提出了新型的引入第三方的融资模式以解决其现有困境。陈华、张梅玲（2012）认为面对现今融资困难的问题，将公私合作（PPP）引入保障房融资既有其必要性也有其可行性，并且提出了相关的制度安排以保证其有效运行。孙哲峰（2012）创新性地提出了政府主导产业基金 + 商业信托计划的融资路径，并按照前、中、后三个阶段加以分段解析，整合形成了一条完整的保障房滚动开发建设链条。何元斌、王雪青（2013）认为，保障房融资的金融创新不足是保障房发展的一大制约，并借鉴了日本、美国及欧洲多国的相关成功经验，提出了采取多元融资模式以及促进资金贷款证券化的金融工具。蒋松怡（2014）从银行间债券市场、银行非保本理财资金和信托贷款三方面介绍了在融资实践中，可供保障房建设的创新融资模式。

近年来，因为金融创新的原因发展出了各种金融衍生产品，尽管这客观上极大地促进了金融的快速发展，但是带来了巨大的监管压力与系统性风险。目前金融创新对保障房融资系统性风险影响最大的是 REITs。由于当今的金融市场是高度整合发展的，全球货币市场与资本市场紧密连接，一旦爆发系统性风险，将会在国际银行业之间迅速传播，然后通过资本纽带传递到资本市场，而不会仅仅停留在银行内部。

（六）多重信用下的信用错配

相对而言，保障房融资导致的信用错配问题很少被提及，但这正是保障房融资对金融体系形成系统性冲击的重要机制。

1. 保障房融资的多重信用

保障房融资几乎必然存在多重信用，尤其是政府信用与金融机构信用并存。一方面，保障房建设注重政策目标，不追求经济收益，是财政投融资适用的领域，必然要依托政府信用筹集资金；另一方面，在较短时期内集中的巨大建设规模使得政府无力独自融入建设资金，所以国内外既有的保障房融资机制均注重发挥金融机构在融资中的业务优势，这就要依托金融机构的信用。因此，同时依托多重信用是保障房融资中的普遍现象。

（1）间接融资途径时的多重信用。采用间接融资途径必然要银行信用，但是，在为保障房融资时，仅有银行信用是不够的。典型的例子是保障性住房开发贷款。一方面，保障性住房开发贷款有着强有力的政策支持。2008 年以来，我国金融监管部门出台大量保障房贷款的支持政策，这些政策均明确要求银行业金融机构在加强风险管理的基础上加大支持力度。尤其在 2009 ~ 2014 年，虽然面临严格的房地产调控，但是监管部门仍要求银行业金融机构强化对保障房建设的资金支持。2011 ~ 2013 年，保障性住房开发贷款余额同比增速分别为 31.7%、46.6% 和 26.7%，而同期的房地产开发贷款余额增速分别为 13.9%、12.8% 和 19.1%[①]；另一方面，保障性住房开发贷款的发放对象是政府的保障房融资平台或经政府授权具有保障性住房经营主体资格的企业，这些融资平台或企业以政府信用作为支撑。因此，在间接融资途径下，保障房融资通常同时依托银行信用和政府信用。

（2）直接融资时的多重信用。在采用直接融资途径时，我国的保障房融资也依托多重信用。以保障房融资中的非公开定向中期票据为例。这些定向工具的融资主体是保障房融资平台或经政府授权具有保障性住房经营主体资格的企业，并且常常具有政府公开或隐含的担保，从而依托政府信用。但是，这并不意味着直接融资方式脱离了金融机构的信用。为保障房融资而发行的定向工具属于私募债券，在银行间债券市场非公开发行。由于银行间债券市场的主要参与者为银行业金融机构，所以定向工具等债券筹集的资金仍是银行业金融机构依托其信用所吸纳的资金。没有这些金融

① 资料来源：中国人民银行 2011 ~ 2013 年金融机构贷款投向统计报告。

机构凭借其信用吸收的储蓄，也就不会有购买债券所需的资金。因此，在我国，保障房的直接融资途径仍然同时依托政府信用和金融机构的信用。

2. 信用基础的差异与错配

多重信用的初衷是实现各类信用之间的互补，以保证保障房建设可筹集足够的资金。但是，各类信用形式的信用基础不同，在并存时很容易在预算压力和监管政策扭曲下发生错配。

（1）政府信用与金融机构信用的信用基础。政府信用和金融机构信用有着不同的信用基础，一般而言，二者是不能相互替代的。

政府信用是政府作为债务人履行偿债责任的意愿和能力，这由政府的财政收入来进行保证。其中，债务收入可排除在外。虽然政府也通过借新债还旧债的方式履行偿债责任，但是通常认为政府不应当采取将借款无限滚动下去的借债方案，所有的债务在未来均应被偿还。所以，政府信用的信用基础由税收、规费收入、国有资产收益、铸币税，以及从上级政府或外国政府融资的能力进行保证。一般而言，由于国有资产收益在财政收入中并不占主要地位，所以政府信用在根本上以政治权力支撑的税收、铸币税等收入为保证，并不需要以资本或资产作为信用基础。

金融机构的信用则以其资本或资产作为信用基础。早期的观点将资本作为金融机构的信用基础，并贯彻到相关法律之中。例如，许多金融机构注册为公司形式，而公司法将公司信用理解为履行义务和清偿债务的能力，并将资本作为履行义务和清偿债务的保证。为切实以资本保证信用，公司法中对资本投入进行了严格的制度设计。后续的观点则认为公司信用是资产信用，并以资产作为负债的可靠保障。资产信用有时也被延伸至净资产，与资本信用相比，净资产信用更侧重强调公司的盈利能力（赵旭东，2003）。在当前的金融监管中，资本信用与资产信用被同时顾及，既有基于资本信用的资本充足率要求，又有基于资产信用的风险加权资产计算方式。总的来看，金融机构的信用基于其投入资本和资产组合的盈利能力。

（2）政府信用与金融机构信用的信用错配。政府信用与金融机构信用的信用基础不同，在保障房融资中可以起到互补作用。由于保障房建设仍有一定收益，所以保障房融资不必全部依托政府信用，部分融资额度可以与未来收益相对应，并依托金融机构信用进行融资。同样，当金融机构的信用不足以消除投资者对保障房融资违约的顾虑时，由于政府信用不需要以资本或资产的收益予以保证，所以政府信用可以对这些保障房融资工具进行信用增级。但是，在预算压力和监管政策扭曲下，政府信用与商业金融机构信用往往超出其互补范围，形成信用错配。

一方面，预算压力促使金融机构信用过度介入政府信用领域。保障房融资收益低、风险高，需要财政资金的大规模投入。2013 年，各级财政实际用于保障性安居工程支出便达到 3816.72 亿元[①]。但是，我国财政预算持续赤字，在保障房融资中更强调通过金融创新和市场化运作引入私人资金，所承诺的财政资金投入缺乏长效的制度保证，在审计中也发现资金筹集、管理使用不规范等问题。这就使得政府提供的信用并不充足，资金偿还责任在实际上是以金融机构信用作为保证。

另一方面，监管政策扭曲促使政府信用过度介入金融机构信用领域。固然，政府信用通常比金融机构信用具有更高的信用等级，但是在监管法规中，具有政府信用的金融工具所受的监管仍显得过于宽松。例如，在金融机构风险加权资本的计算中，对公共部门实体债权的风险权重明显低于对商业金融机构的债权。根据 2012 年颁布的商业银行资本管理办法（试行），境内商业银行对我国公共部门实体债权的风险权重为 20%，而对我国其他金融机构与个人的债权，除原始期限 3 个月以内（含）的债权之外，即使在最高信用评级下的风险权重也不低于 25%。考虑到政府信用与评级最高的金融机构信用之间的违约差异并不大，所以这一监管条件实质上是过度宽松的。国外也是如此，如美国的住房抵押贷款支持证券（MBS）的二次创造，便要求基于政府支持的住房抵押贷款支持证券，而不是私人标识的住房抵押贷款支持证券。监管政策对政府信用的过度宽松促使金融机构更多地利用含政府信用的金融工具融资或投资，使得政府信用过度介入金融机构信用领域。

3. 信用错配与投资者主观风险的低估

信用对应违约风险，信用错配的后果则是投资者对违约风险的误判。

---

① 参见财政部：《2013 年财政支持保障性安居工程建设情况》，财政部网站，http://www.mof.gov.cn/mofhome/zonghesi/zhengwuxinxi/zonghexinxi/201404/t20140414_1066820.html。

当金融机构信用错配到政府信用领域时，由于资本或资产的信用基础替代了财政收入的信用基础，而保障房项目本身并没有足够的资本支撑，其现金流也无法维持足够的资产价值，所以保障房融资的信用不足，违约风险上升。但是，违约风险的上升不会被投资者立刻发现。为保证能以较低成本筹集到足够的资金，政府信用的不足通常并不会公开宣示，这使得违约风险的上升难以被投资者觉察，直到违约风险积累到较高的规模或是违约事件实际发生。与之相似，当政府信用错配到金融信用领域时，监管的过度宽松并未增加政府信用的信用基础，所以保障房项目的实际风险并未降低。但是，政府信用支持的增加以监管法规等方式显式存在，金融机构需要这些监管法规的框架下来评估风险，所以投资者的对风险程度的主观判断会降低。总的来看，无论是金融机构信用错配到政府信用领域，还是政府信用错配到金融机构信用领域，投资者的主观风险都会低估，直到金融机构或政府的信用基础不足以支撑其信用，投资者的主观风险才会调增到真实风险水平。

4. 引入信用错配的金融机构决策模型

保障房融资的信用错配导致投资者对风险的误判，为分析这一误判的影响程度，我们建立金融机构对投资组合的随机动态优化模型。在分析系统性风险时，一些文献的分析基于包括家庭最优决策、厂商最优决策、金融机构最优决策和市场出清条件在内的一般均衡宏观模型。但是，这些分析主要考虑家庭与金融机构在资产供求上的相互影响（Zhiguo He etc.，2014），而我们侧重分析保障房融资中信用错配对金融机构本身的影响及其衍生的系统性风险，所以我们不是建立一般均衡的分析框架，而是集中分析金融机构的最优决策条件。

不失一般性，假设金融体系中的代表性金融机构追求效用最大化，并可进行无限期界的投资组合决策。对于金融机构而言，其效用并不完全取决于投资组合的收益率，而是取决于和收益率正相关的声誉，即使短期内没有良好的现金流，其声誉也可支撑金融机构进行融资并选择投资组合。我们假设效用为声誉的对数函数形式。由于金融机构存在破产的可能，所以用破产概率贴现金融机构的未来效用。进一步假设代表性金融机构的破产概率服从强度为 η 的泊松过程，则代表性金融机构的行为函数构造如下：

$$\max E\left[\int_0^{\infty} e^{-\eta t} \ln \in_t dt\right] \tag{4-1}$$

其中，$\in_t$ 为金融机构在第 t 期的声誉。

金融机构的声誉与投资组合的收益率正相关，并且声誉的变动由投资组合收益率的变动所引发，所以假设声誉与绩效之间服从下述微分方程：

$$\frac{d\in_t}{\in_t} = m d\widetilde{R}_t \tag{4-2}$$

其中，$\widetilde{R}_t$ 为投资组合的收益率，m 为系数，在随后得出的最优决策中反映金融机构的风险厌恶水平。

金融机构可以通过调整投资组合来改变其收益率，但是，未来的收益率并非一个确定值。由于各类风险因素的冲击，投资组合的收益率是一个随机变量，我们假设其服从伊藤过程，如下：

$$d\widetilde{R}_t = \delta dt + \sigma dZ_t \tag{4-3}$$

其中，δ 为投资组合的平均收益，σ 为投资组合收益的标准差。

保障房融资的资金提供者可以是金融机构、企业或家庭。在我国现有的保障房融资体系中，间接融资的债权方是银行业金融机构，直接融资的债权方也主要是各类金融机构。所以，保障房融资工具构成了各类金融机构资产组合的一部分。为引入保障房融资中信用错配的影响，我们假设金融机构在三类资产中进行选择。第一类是保障房融资的信用错配所对应金融资产，简称保障房资产，其比重为 α_n，收益服从 $d\widetilde{R_{h,t}} = (\pi_{h,t} - r_t)dt + \sigma_{h,t}dZ_t$；第二类是无信用错配的金融资产，简称普通金融资产，其比重为 α_k，收益服从 $d\widetilde{R_{h,t}} = (\pi_{h,t} - r_t)dt + \sigma_{h,t}dZ_t$；第三类是无风险资产，其比重为 $1 - \alpha_h - \alpha_k$，收益为 $r_t dt$。其中 r 为无风险收益，π 为风险报酬。保障房资产与普通金融资产的区别在于 $\sigma_{h,t}$ 的跳跃性，在信用错配下的违约风险未爆发时，$\sigma_{h,t}$ 非常小，但是当违约风险积累至较高水平或爆发后，$\sigma_{h,t}$ 将跃升至较高水平。

这样，金融机构投资组合的总收益为这三类资产收益的加权平均，服从如下过程：

$$d\widetilde{R_t} = a_h d\widetilde{R_{h,t}} + a_k d\widetilde{R_{k,t}} + (1 - \alpha_h - \alpha_k) r_t \tag{4-4}$$

根据随机最优控制理论，得出最优化问题公式（4－1）的贝尔曼方程：

$$0=\max\left\{e^{-\eta t}\ln\in_t-e^{-\eta t}\ln\in_t+\frac{1}{\in_t}\mu-\frac{1}{2}\frac{1}{\in_t^2}\sigma^2\right\} \qquad (4-5)$$

可得出金融机构需解决如下问题：

$$\max_{\in_t}E_t\mu-\frac{m}{2}\sigma^2 \qquad (4-6)$$

即：

$$\max_{\alpha_h,\alpha_k}E_t[d\widetilde{R_t}]-\frac{m}{2}Var_t[d\widetilde{R_t}] \qquad (4-7)$$

代入（4－4）式，并求出最优条件如下：

$$\frac{\pi_{h,t}}{\sigma_{h,t}}=\frac{\pi_{k,t}}{\sigma_{k,t}}=m(\alpha_h\sigma_{h,t}+\alpha_k\sigma_{k,t}) \qquad (4-8)$$

$\frac{\pi}{\sigma}$是风险报酬率与风险水平的比值，即夏普比率。最优条件显示金融机构需要使每一期各类风险资产的夏普比率相等，并等于风险资产的加权平均风险乘以风险厌恶程度。

5. 最优决策下的系统性风险形成机制

由公式（4－6）式所表示的金融机构最优投资组合条件可以分析保障房融资中信用错配的影响。如果不存在信用错配，那么保障房资产的风险并未低估。由于保障房项目的低收益与高风险特征，其夏普比率处于非常低的水平，此时只要持有保障房资产，那么最优条件中的$\frac{\pi_{h,t}}{\sigma_{h,t}}=\frac{\pi_{k,t}}{\sigma_{k,t}}$部分便难以得到满足。只有在和保障房相关的金融资产比重 α_h 趋向于零时，金融机构才能实现公式（4－6）式中所描述的最优条件。

但是，当保障房融资中出现信用错配时，保障房资产将出现主观风险的低估，而金融机构正是根据对主观风险的估计进行的决策。所以，信用错配使得保障房资产的风险低估，夏普比率可以上升到与普通机构资产相似的水平，从而可以在投资组合中增加保障房资产的比重 α_h。

在信用错配导致的风险低估之下，保障房资产的风险 $\sigma_{h,t}$ 小于普通金融资产 $\sigma_{k,t}$，这意味着含有保障房资产的风险组合具有比不含保障房的风险组合更低的风险。虽然这一风险水平并非真实的风险，但是随着公式（4－6）式右侧减小，金融机构仍会根据这一低估的风险水平来降低各类风险资产的夏普比率。

通常状况下，投资的边际收益随规模的增加而递减，边际风险则随规模的增加而递增，要具有更低的夏普比率，就要有更高规模的风险资产，因此，无论是保障房资产还是普通金融资产，都会因信用错配而具有更高的规模，使得金融机构承担了更高的风险。

如果违约事件没有发生或是违约风险仍未积累到很高的程度，那么保障房融资中的信用错配会延续下去，金融机构的风险资产规模会持续膨胀。但是，如果违约事件发生或违约风险很高，金融机构将意识到信用错配所掩盖的真实风险，$\sigma_{h,t}$将跃升至较高水平。此时，金融机构将尽可能抛出低收益、高风险的资产，夏普比率较低的保障房资产首当其冲。但是，受影响的不只是保障房资产，此时金融机构风险资产组合的加权平均风险处于较高水平，最优条件公式（4－6）要求普通金融资产也需要提高夏普比率，此时只能剥离普通金融资产中收益较低而风险较高的部分，从而导致普通金融资产规模的同步收缩。

因此，保障房融资中的信用错配不仅影响保障房融资本身，也影响保障房融资之外的资产。并且由于以上分析针对的是代表性的金融机构，所以抛出保障房资产并降低普通金融资产规模是金融机构的普遍行为，系统性风险也由此产生。

6. 多业务线时的系统性风险分布状况

在以上分析中，我们将与保障房无关且无信用错配的金融资产简化为一类资产。但是，现实中的金融机构常常具有多条业务线，每条业务线都对应不同的金融市场并联系着不同的客户。虽然各业务线本身的收益与风险在不断变动，但是同一业务线在不同规模下的“风险—收益”差异通常远小于业务线之间的差异。尤其在金融机构不具备市场垄断力量时，各业务线的风险与收益水平由市场确定，金融机构只能通过进入或扩张新的业务线来改变整体的收益水平或风险水平。这就需要考虑信用错配下金融机构业务线设立与剥离所产生的影响。

当保障房融资中的信用错配导致主观风险的低估时，金融机构可接受更低的夏普比率，即接受更高的风险或者更低的收益。这促使金融机构进入高风险或低收益的业务线。考虑到金融机构对利润的追求，能带来高收益的高风险的业务线会更受青睐。与之相对，当信用错配所掩盖的真实风险暴露时，金融机构也将剥离在违约风险未暴露时引入的高风险业务线。其结果，是在信用错配所导致的金融机构投资组合波动中，金融机构的传统业务线不会受到大的冲击，资产规模的波动全部集中到新的业务线上。一方面，资产规模波动的集中使得新业务线的波动幅度存在倍增效应，并对其客户群产生巨大的冲击；另一方面，新业务的创设和剥离带来不变成本的巨额损失，并且业务线的不变成本越高，对金融体系与宏观经济的冲击越大。因此，在金融机构存在多条业务线时，保障房融资中信用错配的影响将集中到金融机构的新业务线，并且新业务线的波动存在倍增效应。

第五章

中国保障房建设融资的风险控制

通过对保障房融资中典型风险的分析，我们可以提出具体的风险控制对策。这些风险控制对策对应具体的风险类别，但是并不应当单独实施，而是要相互配合，形成全面的风险控制体系。

第一节　财政风险的控制思路

为控制保障房融资中的财政风险，需要防止财政对保障房建设融资的过度介入，并使保障房建设融资回归到基本的住房保障职能之上，这就需要协调好政府与私人机构在保障房建设融资者中的角色。其中，完善 PPP 模式是重要的抓手。

一、防止对住房保障融资的过度担保

正因为政府担保是住房保障融资制度演化的核心，所以住房保障融资制度的可持续性要以防止政府担保过度膨胀为前提。我们引入奥斯特罗姆对“公共池塘”的分析框架，并在此基础上得出保证住房保障融资制度可持续性的制度前提。

（一）政府隐性担保“与公共池塘”的类比

由于金融环境等因素的变化，住房保障融资制度的可持续性并非指制

度不随时间变化，而是在谢普瑟（Shepsle）的“制度的均衡状态”意义下具备可持续性，即如果一个制度的变动是根据一个事前的计划（因此部分是根据原有的制度）进行的，那么认为该制度“实质上”处于均衡状态。在对隐性担保的分析中，我们注意到，政府的隐性担保是一种信心与期望，难以进行组织，具有非排他性。这就使得政府的隐性担保可以和“公共池塘”进行类比，从而将住房保障融资制度的可持续性简化为防止政府隐性担保这一准公共品不被过度利用的问题，并援引奥斯特罗姆对“公共池塘”的分析框架。在这一框架中，制度解体的主要原因是缺乏各个主体维护制度稳定的激励，即各个主体在提供有效制度时的二阶囚徒困境。

（二）住房保障融资制度设计的政策思路

在将政府隐性担保替换“公共池塘”模型中的公共资源之后，奥斯特罗姆所总结的制度稳定八项基本条件可以作为住房保障融资制度设计的有效参照。在总结制度稳定与解体的经验之后，奥斯特罗姆总结了避免准公共品过度消耗的八个条件，分别是清晰界定边界、使占用和供应规则与当地条件保持一致、集体选择的安排、监督、分级制裁、冲突解决机制、对组织权的最低限度认可和分权制企业。部分条件是我国的住房保障融资制度已经具备的，如分权制企业，目前的保障房投融资平台已经具备这一功能。对其余项目，我们进一步概括为清晰的边界、广泛的参与和适当的分权这三个基本的政策前提。

第一，住房保障融资制度需要有清晰的边界。如前所述，政府隐含担保难以将受益者排除在外，这种非排他性是政府隐含担保被过度利用的基本原因。为保证住房保障融资制度的可持续性，住房保障融资制度需要严格限定政府担保的额度，并限定在住房保障融资中可运用政府担保的主体与业务范围，以避免政府隐含担保的规模无限制的膨胀。

第二，住房保障融资制度需要有广泛的参与。我国各地的住房保障要求差别巨大，甄别被保障人群的成本同样较高，这使得政府担保往往处于过度或不足的两端。为实现住房保障融资制度的有效监督与维护，需要将开发商、银行、被保障人群等拥有信息的主体充分纳入住房保障融资制度的设计，对住房保障融资制度的模式充分协商。

第三，住房保障融资制度需要进行适当的分权。在住房保障融资制度中，政府部门要避免一切包揽，并给予各级主体以适当的冲突解决权限，使住房保障融资的参与主体能够进行较多的自我协调，实现住房保障融资制度的自我维护。

二、强化保障房体系的保障职能

（一）使保障房回归保障职能

我国的保障房体系需要和商品房体系严格区分，以强化保障房体系的住房保障职能。

首先，确立无产权保障房的主体地位。我国现行住房保障制度存在的问题，亟须汲取发达国家住房保障经验的基础，重点发展廉租房、弱化发展经济适用房、取消限价房、建立完善的住房租赁制度、解决住房“夹心层”问题、多渠道筹集建设资金和加快住房法制化建设等相应的解决和完善办法，以努力发展政策性公共租赁房为作为住房保障供应体系的核心。公租房不应成为消极应对民生问题的权宜之计，而应将其提升为国家中长期经济发展战略，应取消此前的廉租房和经济适用房政策，将保障房的投资集中于高品质公共租赁房屋的建设方面，并与国家对基础设施的投资进行同等对待。

其次，对于经济适用住房，要对其上市交易进行严格管理。经济适用住房属于政策性住房，购房人拥有有限产权。购买经济适用住房不满5年，不得直接上市交易，购房人因各种原因确需转让经济适用住房的，由政府按照原价格并考虑折旧和物价水平等因素进行回购。购买经济适用住房满5年，购房人可转让经济适用住房，但应按照届时同地段普通商品住房与经济适用住房差价的一定比例向政府交纳土地收益等价款，具体交纳比例由城市人民政府确定，政府可优先回购；购房人向政府交纳土地收益等价款后，也可以取得完全产权。上述规定应在经济适用住房购房合同中予以明确。政府回购的经济适用住房，继续向符合条件的低收入住房困难家庭出售。

最后，我国当前的保障性住房大多建设在城郊偏僻的地方，或是城乡结合的地方，设置与规划不尽合理，周边的交通、公共设施、公共服务等都较不完善，医疗、教育以及生活休闲水平落后，这会给居住者的生活带来非常大的不便，极大影响保障房应该发挥的社会效益。保障性住房建设不应以营利为主要目的，但在很多城市的核心区域，政府可以通过拆建结合，土地一二级开发联动获得较好的土地出让收益。相应的，政府推进保障性住房建设的积极性就较高。而在很多急需改善居住条件的非核心厂矿地区，由于土地级差地租效益不明显，甚至难有产出，保障房建设往往较为滞后。因此，经济效益的差异常常影响了保障性住房建设的整体进程。

（二）因地制宜地设计保障房制度

目前政府对保障房制度设计过多，扰动很大，造成巨大的社会成本，住房固化程度的加深也对社会构成了很大的影响。一些地区的保障房数量并不是不足，而是分配制度不合理，没有屋尽其用，必须先解决这类问题才能更好规避风险。此外，保障房融资中社会资本的介入并不明显，但是社会资本的兴趣很大，是否能享受政府的政策优惠和还款风险成为很关键的因素。对于不同类型保障房，高风险的租赁型的风险应由政府牵头兜底。加强政府监管对资金渠道有挤压作用，疏导性的监管需求更加迫切。对于融资问题，仅仅财政远远不够，既要把已有手段用好，也要充分利用新政策和手段，如房产税改革、加强政银企的深化合作，财政部新推动的PPP模式也很重要。

为实现保障房制度的有效运行，避免复杂的制度设计，需要正视保障房建设应有的地区差异。

首先，保障性住房金融制度要与地区之间发展差异相称。从融资渠道方面来看，尽管考虑到地区之间经济发展状况、金融发达程度以及人口密集程度和保障房需求问题，内地的融资渠道仍明显单薄，保障房建设过程中遭遇的资金短缺问题无法及时找到其他有效的途径进行弥补。而从一线城市来看，多层次的保障性住房融资模式能够给当地建设资金短缺造成的风险能够有效地缓冲或者延迟，争取到宝贵的资金调整时间。由此可以看出，不同地区保障性住房金融制度差异很大。从长远来看，各地区的保障性住房金融制度要与地区之间发展差异相称，并在地区差异缩小到一定程度之后逐渐统一。

其次，不同地区的保障房新建开工情况、占资情况、建设进度需要有一定差异。内陆地区的保障性住房建设中，经济适用房占地面积大，新开工户数少但资金投入较多，但经济适用房建设未达预期，廉租房却超额完成，整体上还是不太符合计划内的建设要求。另外保障房建设资金来源中的其他资金信息不透明，容易出现地方政府暗箱操作保障房、虚报资金、贪污腐败等问题。一线城市则不同，在明确了建设各类型的保障房建设规模之后，不同区域分工协作，再加上初始建设资金相对充足，能够高效完成了计划任务。

最后，实现土地出让金计提比例的差异化。沿海大中城市地理位置优越，土地价格比内陆城市明显要高。相比而言，沿海城市土地出让金用于保障房建设的计提比例仍较低，这也和当地更多融资渠道对其的替代效应有关。但是，目前全国各地城市土地出让收益对于保障性住房建设资金的补充整体偏低，一定程度上拔高了融资的机会成本，所以土地出让金计提比例既需要有地区差异，又需要整体提高。

（三）增强对流动人口的住房保障力度

流动人口整体居住条件较差，需要进一步改善。但是流动人口规模巨大，不加区分的对所有符合住房困难的流动人口给予差不多同样的住房保障也是不现实的，制定准入门槛和住房保障标准也是十分必要的。可以根据发展情况和财政能力状况，逐渐加大对流动人口住房保障的覆盖范围；也应根据户籍人口和流动人口的住房状况测算住房保障覆盖范围，合理区分廉租房、经济适用房、限价房和公共租赁房的范围比例，制定流动人口租住费用标准，将流动人口切实纳入到住房保障范围内。

1. 加强对流动人口的住房管理

除了一部分流动人口将纳入到住房保障体系中之外，还有相当部分的流动人口在不能纳入到住房保障范围中来，至少在相当长一段时间内无法享受住房保障。这一部分享受不到住房保障的流动人口也数量巨大，他们或者由于在大城市就业时间较短，或者属于不稳定就业群体，反而收入水平更为低下，租住住房也更为艰难，条件也更为艰苦，因而需要某种方式加强对他们的住房管理。这种管理主要包括几个方面：一是加强对流动人口住房的登记管理，为他们租住房子过程遇到问题时提供必要的帮助；二是鼓励房地产开发商开发一批并持有一定的适合低收入流动人口租住的住房，供其租住；三是或者政府直接持有一批房源，或者成立非营利性社会组织，鼓励其通过一定方式持有一批房源，专门对流动人口中住房和生活极度困苦但是又不符合住房保障条件的提供慈善性低租金住房；四是由政府成立社会性住房维修基金，向部分流动人口租住房屋、房屋附属设施或者卫生环境提供免费修缮和清理服务；五是鼓励向低收入贫困群体出租住房，向低收入贫困群体出租的住房在出租所得应纳税金、未来买卖交易税金方面给予一定的减免，增强这部分流动人口租房的讨价还价能力。

2. 改善流动人口孩子教育和住房环境

大城市流动人口中有很多有孩子但是不能住在一起的情况，也有许多虽然与孩子住在一起但是住房环境较差的情况，应该逐渐加大对这方面人口住房情况的关注。一是放宽流动人口孩子在大城市上学接受教育的限制，特别是对于已在大城市工作多年的流动人口的孩子，优先接受入学，这样也能鼓励孩子来大城市与父母同住，避免分离的痛苦；二是对于夫妻二人都在大城市工作的有孩子家庭，优先考虑纳入住房保障体系中来，使孩子都有一个较为良好的居住环境；三是对于有孩子家庭自己需要买房的，在收入水平相对较低购买能力较弱的情况下，可以适当减少税金缴纳，并鼓励银行给予利率优惠；四是对于那些与孩子同住但住房承担能力极弱、住房条件极差而又一时不能满足享受住房保障的家庭，可以考虑给予一定补贴鼓励其改善住房条件或者通过建立慈善性住房体系将其纳入其中。

3. 增加适宜流动人口的住房的供给

大城市流动人口中相当一部分人收入水平偏低，购买住房和承租住房的能力都较弱，这时如果住房出售价格和租金都偏高的话，将严重影响流动人口的住房条件。大城市在过去几年建造了大量的大户型的房子，户型小巧、位置适中、价格较低的出售住房难以寻觅，价格较低、户型适当的满足流动人口中低收入者需要的出租住房也极少，迫使许多收入稍高的流动人口也没有能力购房，而那些收入较低的流动人口则又很多被迫租住地下室、群租房和城中村。随着政府对地下室、群租房和城中村的治理整顿，这些流动人口的住房问题更加突出，有些被迫搬离大城市，有些被迫租住更加偏远的住房，每天长时间在路上辛苦奔波。对低收入流动人口的住房进行简单的治理整顿，只能使流动人口在住房方面雪上加霜。为了切实解决流动人口住房问题，除了扩大住房保障范围，逐渐将中低收入流动人口纳入住房保障体系中来之外，还要增加适合流动人口租购的住房的供给，调整住房建筑结构，增加单间配备独立厨卫楼房、单间配备公共厨卫楼房、一居室成套型楼房和适合居住的地下室等形式的住房出售或者出租供给，满足流动人口多样性的住房需求。

4. 避免流动贫困人口过大聚集区的形成

从世界城市发展历程来看，贫困人口在城市中极易形成集中的聚居区，并且产生诸多的社会问题，而且这些区域一旦形成，就难以清理和管理，因此，大城市要特别注意避免流动贫困人口聚集区的形成。截至目前，大城市流动人口中贫困人口的住房主要是通过地下室、群租房、城中村和郊区村落等形式解决的，并形成一定的聚集，但是大城市也已经认识到这一问题，并着手开始整顿，也已经取得一定成效。然而，大城市的整顿也只是治标不治本的方式，被清理出来的低收入流动人口或者继续通过暗中群租解决住房问题，或者向郊区转移，并在郊区形成新的更大的聚集区。大城市要在长期避免低收入流动人口聚集区的形成，主要是做到三点：一是在适合流动人口居住的区域，需要增加专门针对适合贫困人口居住的住房的投入，纳入政府管理，向这些人口提供较小的可承租的住房面积，但是与此同时增加公共设施的投入，努力改善环境，但是要通过规划和管理避免过大规模聚集，这样虽然这些人口依然会在一定程度上聚集可以避免这种小规模聚集带来的问题，又有利于管理；二是成立贫困人口住房治理基金，对不符合规划的具有贫困人口聚集趋势的地区进行治理整顿，疏导贫困人口到规划中的小范围的聚集区居住，并将部分符合条件的人口纳入到住房保障体系；三是鼓励新建小区建造面积紧凑、空间较小的适合贫困人口租住的住房，将贫困人口适当分散在不同位置的小区内，并通过贫困人口住房治理基金给予物业管理公司一定的补助，降低贫困人口的租住成本。这样，通过多种渠道尽可能避免流动贫困人口的过大规模的聚集，减少聚集区可能带来的各种不利影响。

三、鼓励并推进 PPP 模式

政府向社会力量购买服务，即把政府直接向社会公众提供的一部分公共服务事项，按照一定的方式和程序，交由具备条件的社会力量承担，并由政府根据服务数量和质量向其支付费用。公共提供不等于公共生产，通过向社会力量购买服务，政府可以充分利用市场机制，从而提高财政资金使用效率。政府向社会力量购买服务是政府承担公共服务的新模式，是现代国家行政管理理念和模式的创新，是我国建设服务型政府的必然要求。

改革开放以来，我国公共服务体系和制度建设不断推进，初步形成了政府主导、社会参与、公办民办并举的公共服务供给模式。但是，政府仍需要进一步强化公共服务职能，创新公共服务供给模式，有效动员社会力量，构建多层次、多方式、多元化的公共服务供给体系，提供更加方便、快捷、优质、高效的公共服务，以满足人民群众日益增长的公共服务需求。中央政府明确要求在公共服务领域更多利用社会力量，2013 年 9 月，国务院办公厅印发了《关于政府向社会力量购买服务的指导意见》，明确了改革工作的指导思想、基本原则、目标任务和总体要求。为落实党中央、国务院的决策部署，吉林省政府发布《吉林省人民政府办公厅关于政府向社会力量购买服务实施意见》（以下简称“《实施意见》”）等文件，以推动政府向社会力量购买服务，进一步创新公共服务供给模式，加快服务业发展和服务型政府建设。该实施意见注重可操作性。列出的可通过政府向社会购买的服务包括公共服务类事项、社会管理类事项、行业管理与协调类事项、技术服务类事项、政府履职所需辅助类事项等，但是明确要求不得向社会力量购买应由政府直接提供、不适合社会力量承担的公共服务，以及不属于政府职责范围的服务项目。这实质上是政府简政放权，发挥市场机制在资源配置中决定作用，并将政府购买由实物商品扩展至无形服务。

政府向社会力量购买服务并未改变资金的财政属性，政府购买服务只是公共服务供给方式和财政资金使用方式的改进，不是新增一块财政资金，所以资金仍然按照预算管理要求列入财政预算。但是，由于向社会购买服务以提高资金使用效率为基本原则，所以绩效管理是突出的内容。《实施意见》要求建立健全由购买主体、服务对象及第三方组成的综合性评审机制，对购买服务项目的数量、质量和资金使用绩效进行考核评价，以形成对资金使用绩效的监督，促使具体部门在向社会购买服务注重资金的使用绩效。

政府向社会力量购买服务可以采用多种方式。既包括政府购买，又包括公私合作（PPP 模式）。公私合作指政府部门与社会投资者之间建立合作伙伴关系，并基于伙伴关系提供基础设施、社会公共设施的建设和相关服务，是一大类方式的统称。狭义的 PPP 是一系列项目融资模式的总称，指政府部门与社会投资者共同将资金或资源投入项目，并由社会投资者建设并运营该项目的方式，包含 BOT、BTO、R + P 等多种模式；广义的 PPP 指公共部门与社会投资者为提供公共产品或服务而建立的各种合作关系。

目前所鼓励的公私合作不仅是政府使用财政资金向社会购买服务，还包括引入私人资本，是公共资金和私人资本共同运作、共担风险。与北京地铁四号线的 BOT 模式相比，在项目的规划阶段便引入私人资本，并在随后的建设过程中与私人资本始终合作。就此而言，《实施意见》只是初步引入市场机制，仍在政府采购的框架之内。但是，结合转发的《财政部关于印发政府和社会资本合作模式操作指南（试行）的通知》等法规，便可发现这一实施意见正是引入社会资本的一种形式，是公私合作的先导，其中，“引入由购买主体、服务对象及第三方组成的综合性评审机制”也是合作的一个重要方面。

第二节　金融风险的控制思路

为控制保障房融资中的金融风险，需要防止金融工具的过度使用，尤其是过快推进的不规范金融创新行为，这就需要监管部门在激励与监管之间进行妥善协调。

一、审慎推动保障房融资创新

保障房融资的金融创新在我国是否可行要依据我国实际情况而定，否则无论对住房者还是投资者都是不负责任的。无论从我国的金融业发展还是保障房建设来看，推进金融创新都十分有必要。

保障房建设需要融入更多的金融创新。近年来我国房地产市场膨胀过快，房价持续走高，造成了中低收入者住房的困难。为此，作为促进民生的重要组成部分，保障房的建设也被政府积极推动实施，这在“十二五”规划中也得到了明确的指示。但是，沿海及大中型城市的人口基数庞大，现阶段保障房仍旧供不应求，远远无法满足住房困难群体。虽然建设目标高，但是由于其特殊属性，大量的融资无法跟上，这就造成了建设—融资不协调的局面。所以，就要求金融业服务跟上保障房建设的步伐，而金融创新一直与经济发展相伴随，并成为经济高度市场化内生变量的组成部分，必定需要扮演重要角色。在保障房建设比较成功的美国，其充分利用金融创新工具就对融资起到了关键的作用。保障房金融创新在很大程度上决定着其交易规模。不仅可以作为拓宽融资的渠道，金融创新还在一定程度上保障了资金融通的安全和整个金融体系的稳定，这对于保障房这类具有公共属性的产品而言更是至关重要。

但是，目前在我国，针对保障房融资的金融创新必须要结合具体国情展开研究讨论。发达经济体在金融创新上取得过成就，也经历过由此导致的危机，甚至有一些国家（如冰岛）由于金融创新发展脱离现实经济使整个国家陷入崩溃。因此，金融创新必须立足于我国实情，尤其是保障房作为社会保障的重要一环、提高民生的重中之重，它的金融创新必须突出我国现阶段保障房建设的特点，否则将无法达到其预期效果。

首先，需要由政府和监管机构占主导地位，而不是绕开金融监管。我国保障房融资的金融创新在主导者和目标方面有别于普通的金融创新。一般的金融创新被看作是由金融中介主导的，是一个与政府机构监管良性博弈的过程。然而作为社会保障的重要组成部分，我国保障房融资的金融创新和监管都需要政府的主导。所以，这种类型的金融创新不再需要和政府进行博弈，弱化了实现避税、套利和增加金融中介利润的目标，强化了它降低成本、增强资本流动性和保障资金安全方面的诉求。

其次，金融创新中要蕴含制度创新，与国外的创新形式相近、实质不同。我国保障房融资的金融创新更需要侧重于机构和制度层面的创新。金融创新的路径大致有三条，即金融产品、机构和制度创新。全能型银行体系在金融创新水平上要弱于职能分工型体系，我国几大国有商业银行市场份额占有庞大，但其主要业务仍旧集中于金融中介传统业务上，缺乏对金融创新类新渠道的开拓。政府应该将金融创新的重点任务交由有专项职能的银行（如国家开发银行），并给予政策、制度等多方面的优惠，放宽直接限制，鼓励创新研发。

最后，金融创新要对应安全稳定的收益。我国保障房融资的金融创新产品相比之下风险低、收益稳定。一方面，房地产具有不易灭失、风险低、安全性好的特点，再加上其固有的保值增值特性，因此，投资者可以从中获得较为稳定的收益。另一方面，作为主导者，政府信用担保也成为这类金融创新产品的吸引之处。

二、协调融资激励与监管制度

保障房的融资周期长，资金占有量大，首先，有必要建立合理的激励制度来激发金融中介机构的效率，并推动金融创新的进步。这在我国发展初级阶段的金融创新十分的必要。其次，有法律的约束才能降低风险发生的可能，金融监管与金融创新必须协调发展，否则就会形成金融产品的泡沫，造成金融危机。此外，为了避免监管分散，要设置专门的监督机构，全盘把控监督风险，避免多个监管部门共同干预造成的监督真空区和混乱区。同时，要吸取美国次贷危机的教训，对于保障房金融创新产品的标准化和透明化要有所要求，以防其复杂性加深导致“捆绑效应”和过高的杠杆率。再次，要充分利用民间资本。我国储蓄率很高，庞大的民间资本可以充分作为融资资金来源，只是缺乏有效的引导配置手段。最后，我国大量保险资金可用来填补保障房资金缺口，保障房长期和稳定的收益来源是吸引保险资金的一个重要因素。有望实现保险业在有效防范风险的基础上获得稳定的投资收益与保证保障房建设有可持续性的资金来源的双赢。

第三节 系统性风险的控制思路

为控制保障房融资中的系统性风险，需要防止各类风险外部化程度的加剧。这就要将保障房的风险管理从微观审慎扩展至宏观审慎，并从各类风险产生系统性冲击的机制着手，着重控制带来系统性冲击的风险点。

一、确立保障房融资的宏观审慎监管思路

“系统重要性”问题是全球金融危机之后的金融监管重点，但是在保障房融资领域并没有被详细地分析。保障房是廉租房、公租房、经济适用房等一系列保障性住房的统称，其中租赁类保障性住房的融资难度要高于销售类保障性住房。我国的保障房融资在整体上已经具有“系统重要性”，需要分析其系统性风险并采取宏观审慎监管思路对其进行监管。

为有效控制保障房融资中的系统性风险，在鼓励保障房融资模式创新，使各类资金助力于保障房建设的同时，也要对保障房融资进行宏观审慎监管。避免保障房融资中的系统性风险高度积累并对金融体系乃至宏观经济形成潜在冲击。

（一）对保障房融资进行宏观审慎监管

目前对保障房融资风险的监管仍然是微观审慎角度的，主要关注保障房融资项目本身的现金流。但是，当房地产市场发生变化时，保障房融资会在整体上受到冲击，并外溢到金融体系乃至宏观经济。目前，我国的房地产市场正处于繁荣与低迷之间的调整期，监管部门已经开始关注房地产业的系统性风险，与之相应，保障房融资的系统性风险也应纳入宏观审慎监管的范围。首先，政府与监管机构在推动保障房融资的同时，也需要强化保障房融资的资本缓冲。即借鉴系统重要性金融机构的监管思路，在保

障房融资中适当增加股权资产与次级债务的比重，并对保障房融资平台提出逆房地产市场周期的资本要求。其次，明确人民银行在保障房融资中的监管责任，将保障房融资的系统性风险与金融中的其他系统性风险实行统一的宏观审慎监管。最后，加速保障房相关金融工具的立法，并将保障房建设与房地产市场调控脱钩，重点强调保障房相关政策的稳定性，以避免对保障房融资形成整体性的冲击。

（二）将保障房融资的外溢风险内部化

我国政府正在大力推行公私合作（PPP）模式，市场机制将在保障房融资中发挥更为重要的作用。然而，系统性风险是外溢的宏观影响，金融体系与宏观经济承担的风险与项目本身所承担的风险并不一致，使得保障房融资项目的决策忽视系统性风险。为克服负外部性影响并发挥市场机制在保障方融资中的资源配置职能，需要增加政府与金融监管机构政策支持的成本，以使保障房融资的系统性风险内部化。首先，人民银行需适度提高用于保障房融资的专项政策性再贷款利率，使之等于无风险利率与保障房融资系统性风险的风险报酬之和，从而在项目决策中对系统性风险进行考量。其次，为政府担保定价，在公私合作项目采用依托国家信用的平台进行融资时，需要根据私人资金的融资规模收取相应的费用，以作为使用政府信用的补偿。最后，明确政府和金融监管机构在保障房融资中的救助责任。《国务院关于加强地方政府性债务管理的意见》要求明确政府和企业的责任，政府与金融监管机构需要进一步明确在保障房融资出现违约或其他风险时的救助范围、促发条件和救助力度，以避免公众对政府和金融监管机构的救助预期无限膨胀。

（三）缩小保障房融资创新的风险链条

政府和金融监管机构对保障房融资创新提供较大力度的政策支持，使得风险传导链条以保障房融资平台为中心，向私人部门和人民银行延伸。目前，我国的保障房风险传导链条尚在可控的范围之内，当务之急是限制风险链条的延长，以避免保障房融资风险被隐藏在复杂的融资链条之中或扩散至更大的范围。首先，强化 REITs 等保障房融资创新工具的信息披露并限制在 REITs 基础上的新金融产品开发，限制保障房融资风险向私人部门的传导链条。其次，谨慎对待保障房相关金融产品的二次开发，并明确评级机构在保障房融资中的评级责任，避免保障房风险掩盖在金融创新链条之中。最后，防止政策性贷款介入商业化的金融创新产品。通过严控人民银行对保障房建设的再融资支持范围，既避免受专项政策性再贷款支持的住房保障贷款成为房地产企业曲线融资的途径，又避免国家信用在保障房融资创新中的过度运用。

二、对保障房融资进行结构化的风险控制

通过对保障房融资途径和金融机构决策模型的分析，我们得出有关保障房融资中系统性风险的四个结论。其一，保障房融资的系统性风险与信用错配高度相关，并且保障房融资中的信用错配是一个普遍现象。其二，信用错配带来了投资者对保障房融资中违约风险的低估，被低估的保障房融资风险使得金融机构可承受更低的夏普比率，促使金融机构提高风险资产规模，这使得保障房融资中的信用错配可以对与保障房融资无关的金融资产产生较大的冲击。其三，对保障房融资中违约风险的不同估计对应着金融机构投资组合的不同均衡状态。当违约行为发生或者违约风险较高时，对违约风险主观估计的跳跃式改变成为一个触发点，使得金融机构的资产组合从一个均衡状态跳跃到另一个均衡状态，系统性风险也由此爆发。其四，当金融机构具有多个业务线时，各业务下所有的影响是不均衡的。传统业务线受到的冲击较小，信用错配的影响主要集中在新设业务线上，并且新设业务线所受影响幅度会倍增。这使得新设业务线成为保障房融资中系统性风险的爆发点。

基于以上问题，我们认为保障房融资中的系统性风险应当得到更高的重视，并且对保障房融资风险要进行结构化的控制。首先，在控制保障房融资中的系统性风险时，监管部门既不需要关注保障房融资的总规模，也不需要关注与保障房相关的政府债务总规模，而是要关注保障房融资中的风险错配部分。风险错配的部分主要包括具有政府担保但未有特定财政支出项目保证的债务，以及在监管制度中予以过度宽松待遇的债务。其次，

对保障房系统性风险的管理应扩展到与保障房融资无关的金融资产。尤其在保障房的系统性风险已经积累到较高水平时，监管部门需要加强对普通金融资产的监管，限制金融机构所持有的普通金融资产风险水平。最后，对金融机构的新设产品线要进行更强的监控。由于保障房融资中的系统性风险主要在新设产品线爆发，所以对于保障房融资中的系统性风险规模的估计要纳入金融机构所创设的产品线规模，并重点关注金融机构对非传统业务线的设立与剥离行为。

三、对保障房的系统性风险给予必要的补偿

正因为保障房融资具有系统重要性，所以保障房融资中的系统性风险需要在融资时予以补偿，以便对保障房融资中的系统性风险程度进行制约。

（一）系统性风险的不可分散性

系统性风险并非系统风险，后者是从微观角度提出的，指不能通过分散投资而消除的风险，前者是从宏观角度提出的，指外溢到其他主体，进而影响整个金融体系甚至宏观经济的风险。当项目的外溢影响负相关时，系统性风险可以相互抵消，但是，保障房融资项目有着相似的风险因素和外溢影响，其系统性风险不可通过分散的保障房项目抵消。

不同的保障房项目对政府住房保障政策和商品房市场有着相似的反应。与美国住宅金融市场不同，我国保障房融资中的主要系统性风险并非源于融资链条过长，而是源于保障房建设的高度政策敏感性。当商品房市场过热且政府倾向于以保障房解决住房保障问题时，各个部门同步推进保障房融资的支持政策，以保证保障房建设目标按期完成。但是，政府与金融监管部门对保障房融资的支持并没有制度化，而是通过每年出台的政策来实现，当商品房市场低迷或是政府倾向于以保障房之外的方式来实现住房保障时，政府与金融监管部门的支持政策会迅速退出。支持政策的大幅波动会影响到每个保障房项目，从而带来保障房融资风险的集中爆发，无法通过分散的保障房项目来消除。

（二）系统性风险是主要的风险

在保障房融资中，系统性风险是最重要的风险。对于保障房融资中的非系统风险，我们可以将其分为可分散风险和不可分散风险两个类别。其中，可分散风险可以通过大量的保障房项目来消除，不可分散风险则可通过国家信用的介入来消除。国家信用介入保障房融资的形式，可以是隐含的政府担保、较大比例的财政投入或是再融资支持，如以保障房融资平台发行债券，或是中央银行促进保障房建设和棚户区改造的专项政策性再贷款等。国家信用的介入，使得保障房融资的违约风险降至极低水平，只要政府倾向于支持保障房建设，保障房融资接近于无风险项目。

但是，系统性风险是无法通过国家信用的介入而消除的。首先，我国保障房融资的系统性风险主要由政策变动引起，如果保障房建设在住房保障和宏观调控中的地位下降，那么国家信用对保障房融资的支持力度会随之减弱，使得保障房融资不再是无风险的项目。其次，系统性风险可能削弱国家信用。次贷危机和欧债危机的经验表明，当系统性风险爆发时，国家信用会受到冲击，表现为国家信用等级的下降，不足以消除具体融资项目的违约风险。最后，国家信用的支持主要针对违约风险，而保障房融资的系统性风险可能包括其他风险，如外溢的价格风险等。这些风险带来保障房融资项目价值的同步变动，无法以国家信用来消除。因此，在保障房融资中，系统性风险持续存在，并成为最重要的不可分散风险。

（三）对系统性风险要求额外补偿

系统性风险具有不可分散性且是保障房融资中的重要风险，按照资本资产定价模型，其风险报酬应当包含在必要收益率中。但是，系统性风险是一种外溢的宏观影响，其风险不由融资项目本身承担，而是外溢到金融体系乃至宏观经济，具有高度的负外部性。因此，在市场机制之下，保障房融资决策中几乎不包含对系统性风险的考量。保障房融资也缺乏来自监管部门的补偿要求。对于系统重要性金融机构，巴塞尔协议Ⅲ下的通行监管方法是增加资本缓冲。但是，为了缓解保障房建设的资金紧张状态，监管部门对保障房融资采取了宽松的监管态度，如对保障房开发贷款等融资方式的优先保障，或是对保障房融资渠道的再融资支持。在这一趋势下，对系统重要性的补偿在政策面上是被忽视的。所以，分散投资和国家信用支持都难以消除保障房的系统性风险，另一方面市场机制也缺乏对保障房系统性风险的补偿，只能由监管机构针对保障房建设的系统性风险程度，要求在项目的风险收益分析中引入系统性风险的风险报酬率。

参考文献

[1] 包薇薇：《保险资金参与保障房融资及其模型构建》，载于《河南科技大学学报》2013 年第 5 期。

[2] [德] 比约恩·埃格纳：《德国住房政策：延续与转变》，载于《德国研究》2011 年第 3 期。

[3] 曹国安：《西方国家的住房保障体制及其启示》，载于《中国房地产》2003 年第 6 期。

[4] 陈华、张梅玲：《基于公私合作（PPP）的保障房投融资创新研究》，载于《财政研究》2012 年第 4 期。

[5] 陈健：《住房保障与财富效应逆转——基于平滑转换回归方法的实证分析》，载于《经济评论》2012 年第 1 期。

[6] 陈杰：《我国保障性住房的供给与融资：回顾与展望》，载于《现代城市研究》2010 年第 9 期。

[7] 陈柳钦：《美国房地产投资信托基金（REITs）发展与启示》，载于《建筑经济》2004 年第 11 期。

[8] 陈龙：《影响房地产调控效果的主要因素及对策》，载于《地方财政研究》2013 年第 1 期。

[9] 邓宁华：《城市化背景下的日本住房问题》，载于《外国问题研究》2013 年第 3 期。

[10] 董新龙、林金忠：《高品质公租房：国家战略与民生抉择》，载于《经济学家》2012 年第 1 期。

[11] 冯辉：《我国保障房融资创新与风险控制的发展战略级立法建议——以美国政策性住宅金融发展的得失为参照》，载于《社会科学》2013 年第 5 期。

[12] 冯念一、陆建忠、朱嫣：《对保障性住房建设模式的思考》，载于《建筑经济》2007 年第 8 期。

[13] 高广春、侯菊萍：《保障房融资的国际经验》，载于《银行家》2011 年第 2 期。

[14] 顾书桂：《劳动力价值仍是公租房租金确定的基础——兼论公租房退出机制》，载于《经济问题》2012 年第 8 期。

[15] 郭江华、彭海红、王海波：《公共租赁房：我国保障性住房供应体系的核心》，载于《经济与管理》2012 年第 6 期。

[16] 郭金龙、胡宏兵：《我国保险资金运用现状、问题及策略研究》，载于《保险研究》2009 年第 9 期。

[17] 何曼：《廉租房房地产投资信托基金的融资模式和机制研究》，中南大学博士论文，2011 年。

[18] 贺燕：《政府主导保障房融资模式的改进》，载于《西安财经学院学报》2014 年第 1 期。

[19] 侯慧丽、李春华：《北京市流动人口住房状况的非制度影响因素分析》，载于《北京市社会科学》2010 年第 5 期。

[20] 侯淅珉：《日本、新加坡公共住房的建设、供应对象与价格》，载于《中国房地产》1995 年第 7 期。

[21] 胡海峰、代松：《后金融危机时代系统性风险及其测度评述》，载于《经济学动态》2012 年第 4 期。

[22] 胡琳琳：《美国住房税收政策及对我国的启示》，载于《中国市场》2013 年第 32 期。

[23] 胡绍雨：《新时期我国住房保障制度的改革探索》，载于《技术经济与管理研究》2013 年第 3 期。

[24] 贾春梅、葛扬：《对地方政府保障房支出缺口的估计——来自江苏省的证据》，载于《经济评论》2012 年第 1 期。

[25] 贾康、刘军民：《我国住房改革与保障住房问题研究》，载于《财政研究》2007 年第 7 期。

[26] 菅林鲜、张大勇、李君：《外来流动就业群体的“住有所居”与公租房政策思考》，载于《中国城市经济》2011 年第 2 期。

[27] 金伊花：《日本的住房保障》，载于《城乡建设》2008 年第 6 期。

[28] 李健飞：《美国房地产信托基金研究及对我国的启示》，载于《国际金融研究》2005 年第 1 期。

[29] 李俊夫、李玮、李志刚、薛德升：《新加坡保障性住房政策研究及借鉴》，载于《国际城市规划》2012 年第 4 期。

[30] 李莉：《美国公共政策住房的演变》，厦门大学博士学位论文，2008 年。

[31] 李佩珈：《保障性住房金融制度：短期难题和长期挑战》，载于《国际金融》2013 年第 1 期。

[32] 李佩珈：《国外保障性住房金融制度经验借鉴——以美国和英国为例》，载于《金融前沿》2013 年第 5 期。

[33] 李讯：《德国住房租赁市场发展的主要经验及启示》，载于《金融发展研究》2011 年第 10 期。

[34] 廖治宇：《美国 REITs 模式对我国保障性住房可持续发展的启示》，载于《发展研究》2012 年第 9 期。

[35] 林李月、朱宇：《两栖状态下流动人口的居住状态及其制约因素——以福建省为例》，载于《人口研究》2008 年第 3 期。

[36] 林铁刚：《保障性住房融资渠道及风险防范》，载于《中国金融》2012 年第 1 期。

[37] 宋金璐：《浅谈境外公共租赁房融资比较及启示》，载于《企业导报》2011 年第 21 期。

[38] 刘平、杨继先：《基于 SWOT 分析的廉租房 REITs 融资模式研究》，载于《经济研究导刊》2010 年第 2 期。

[39] 刘乔明：《我国保障性住房与日本公营住宅的差异》，载于《住宅科技》2010 年第 8 期。

[40] 刘燕宵：《我国私募债市场发展研究》，载于《中国市场》2013 年第 29 期。

[41] 刘瑜婷、余劲：《国内外廉租房融资模式的比较分析》，载于《改革与战略》2012 年第 4 期。

[42] 芦金锋、王要武：《借鉴日本公营住宅经验建立我国低收入家庭住房租金模型》，载于《土木工程学报》2005 年第 12 期。

[43] 路君平、糜云：《我国保障房的发展现状与融资渠道探析》，载于《中国社会科学院研究生院学报》2011 年第 6 期。

[44] 轮航：《国际银行业的系统风险分析》，载于《国际金融》1996 年第 10 期。

[45] 马光红：《美国住房保障政策及实施策略研究》，载于《经济建筑》2006 年第 9 期。

[46] 马建平：《中国保障性住房制度建设研究》，吉林大学博士论文，2011 年。

[47] 马君潞、范小云、曹元涛：《中国银行间市场双边传染的风险估测及其系统性特征分析》，载于《经济研究》2007 年第 1 期。

[48] 马庆斌、刘妮娜：《保障性住房问题研究》，载于《中国市场》2013 年第 28 期。

[49] 毛丰付：《城市流动人口居住状况与安居意愿调查研究——以杭州市外来务工人员为例》，载于《浙江工商大学学报》2009 年第 6 期。

[50] 倪志纯、孙金虎、裴慧敏：《美国住房保障、监管制度及借鉴》，载于《宏观经济管理》2013 年第 5 期。

[51] 施昌奎：《北京吸引民间资本进入保障性住房建设的制度创新思考》，载于《宏观经济研究》2011 年第 6 期。

[52] 施江霞：《德国住房储蓄制度浅析——施威比时·豪尔建房储蓄信贷社掠影》，载于《中国房地产金融》1994 年第 2 期。

[53] 寿君燕：《社会力量参建保障房的风险监管》，载于《中国地产市场》2014 年第 9 期。

[54] 苏多永、张玉香：《保障性住房供给不足的原因探析与政策建议》，载于《中国房地产金融》2010 年第 3 期。

[55] 孙斌栋、刘学良：《美国混合居住政策及其效应的研究述评——兼论对我国经济适用房和廉租房规划的启示》，载于《城市规划学刊》2009 年第 1 期。

[56] 孙凌杉：《德国住房储蓄初探及其对我国公积金制度的启示》，

载于《现代营销》2013 年第 5 期。

［57］孙令军：《德国住房保障和住房金融的借鉴与启示》，载于《中国房地产》2006 年第 9 期。

［58］孙淑芬：《日本、韩国住房保障制度及对我国的启示》，载于《财经问题研究》2011 年第 4 期。

［59］唐志新：《保障性住房建设融资困境与实现途径》，载于《金融纵横》2011 年第 6 期。

［60］田原、林玳玳、彭兆祺：《经济适用房制度的理论依据及完善途径》，载于《中国物价》2005 年第 6 期。

［61］汪利娜：《德国住房储蓄与我国住房公积金的比较研究》，载于《中国房地产金融》2000 年第 6 期。

［62］汪利娜：《日本住房金融公库住房保障功能的启示》，载于《经济学动态》2010 年第 11 期。

［63］王凯、侯爱敏、翟青：《城市农民工住房问题的研究综述》，载于《城市发展研究》2010 年第 1 期。

［64］王丽梅、张宗坪：《城市流动人口住房保障问题的现状及对策》，载于《工业技术经济》2010 年第 4 期。

［65］王石生：《关于保障房融资问题的研讨综述》，载于《经济研究参考》2012 年第 60 期。

［66］王晓云：《小城镇流动人口住房问题研究》，华中农业大学硕士论文，2005 年。

［67］王震江：《私募债的风险管理》，载于《中国金融》2012 年第 18 期。

［68］王梓：《基于房地产投资信托基金的公租房融资模式研究》，重庆大学博士论文，2013 年。

［69］韦颜秋、游锡火、马明：《封闭性金融体系与租赁型保障房融资——来自美国 LIHTC 的经验》，载于《城市发展研究》2013 年第 6 期。

［70］韦颜秋：《我国保障房融资体系建设现状与构建》，载于《中国国情国力》2012 年第 2 期。

［71］魏建、张晰鹏：《市场制度的分割：经济适用房制度的博弈分

析》，载于《山东大学学报》2008 年第 1 期。

［72］吴伟科、赵燕菁：《高覆盖率保障房建设的融资方式》，载于《城市发展研究》2012 年第 10 期。

［73］吴卫星、张琳琬、颜建晔：《金融系统风险的成因、传导机制和度量：一个综述》，载于《国际商务》2014 年第 1 期。

［74］武超群：《国外保障房建设中政府参与工作分析及对我国的启示》，载于《中央财经大学学报》2011 年第 9 期。

［75］向春玲：《165 岁的德国住房保障制度》，载于《城市住房》2012 年第 3 期。

［76］徐丹：《我国保险业保险资金运用及监管》，载于《山西财经大学学报》2011 年第 4 期。

［77］徐文、赵静：《中小企业私募债现状分析》，载于《时代金融》2013 年第 9 期。

［78］薛怀宇、杜晓军、张涛：《境外房地产投资信托（REITs）发展对我国的启示》，载于《金融理论与实践》2009 年第 2 期。

［79］薛德升、苏迪德、李俊夫、李志刚：《德国住房保障体系及其对我国的启示》，载于《国际城市规划》2012 年第 4 期。

［80］严雪峰：《北京市经济适用房政策的经济分析》，清华大学博士论文，2004 年。

［81］杨超：《非金融企业债务融资工具非公开定向发行研究》，载于《上海金融》2011 年第 7 期。

［82］杨华：《中国保障性住房融资模式探讨——以日本经验为借鉴》，载于《财政研究》2013 年第 10 期。

［83］杨瑛：《借鉴德国经验　加快建设以公租房为主的住房保障体系》，载于《城市发展研究》2014 年第 2 期。

［84］杨赞、沈彦皓：《保障性住房融资的国际经验借鉴：政府作用》，载于《现代城市研究》2010 年第 9 期。

［85］袁志舜：《目前经济适用房开发建设中的若干问题浅析》，载于《企业经济》2004 年第 6 期。

［86］余南平：《金融危机下德国住房模式反思》，载于《德国研究》

2010 年第 3 期。

[87] 张代军：《保险资金参与地方保障房融资的马太效应、危害及治理》，载于《地方财经研究》2011 年第 12 期。

[88] 张代军、董红荧：《保险资金参与保障房建设融资模式探讨》，载于《地方财政研究》2013 年第 11 期。

[89] 张道航：《棚户区与棚户区改造问题研究》，载于《北方经济》2010 年第 3 期。

[90] 张国胜、王征：《农民工市民化的城市住房政策研究：基于国别经验的比较》，载于《中国软科学》2007 年第 12 期。

[91] 张钧翔、王升：《我国保障房建设的借鉴——美国“低收入家庭住房建设的税收抵免计划”运行经验》，载于《经济与管理》2015 年第 4 期。

[92] 张齐武、徐燕雯：《经济适用房还是公共租赁房？——对住房保障政策改革的反思》，载于《公共管理学报》2010 年第 10 期。

[93] 张巍、杨莹：《REITs 在我国城镇廉租房建设中的运作模式研究》，载于《建筑经济》2010 年第 7 期。

[94] 张玉梅、王子柱：《新加坡组屋融资模式对解决我国保障房融资问题的启示》，载于《经济纵横》2014 年第 5 期。

[95] 张占录：《我国保障性住房建设存在问题、发展障碍与制度建设》，载于《理论与改革》2011 年第 5 期。

[96] 赵光瑞、李虹颖：《日本高速增长时期的公共住房政策及启示》，载于《经济纵横》2011 年第 7 期。

[97] 赵旭东：《从资本信用到资产信用》，载于《法学研究》2003 年第 5 期。

[98] 赵以邗：《廉租住房和公共租赁住房实行 REITs 融资的可行性探讨》，载于《武汉金融》2010 年第 9 期。

[99] 朱雅琴：《保险资金投资保障房建设的可行性分析》，载于《经济研究导刊》2013 年第 5 期。

[100] 朱元倩、苗雨峰：《关于系统性风险度量和预警的模型综述》，载于《国际金融研究》2012 年第 1 期。

[101] Börsch - Supan A. *Housing market regulations and housing market performance in the United States, Germany, and Japan* [M] //Social Protection Versus Economic Flexibility: Is there a Trade-off? . University of Chicago Press, 1994: 119 - 156.

[102] De Bandt, O, Hartmann, P. Systemic risk: a survey. European Central Bank working paper 2000, No. 35.

[103] George G Kaufman and Kenneth E Scott. What Is Systemic Risk, and Do Bank Regulators Retard or Contribute to It? *The Independent Review*, V. Ⅶ, 2003, No. 3, Winter, pp. 371 - 391.

[104] Lars Peter Hansen, Challenges in Identifying and Measuring Systemic Risk, NBER Working Paper No. 18505.

[105] Hart O and Zingales L. How to Avoid a New Financial Crisis [R]. Working Papar, 2009.

[106] He, Zhiguo, Arvind Krishnamurthy. A Macroeconomic Framework for Quantifying Systemic Risk, NBER Working Paper No. 19885.

[107] Hegedüs J, Struyk R R. Housing Finance: New and Old Models in Central Europe, Russia and Kazakhstan [J]. 2006. Housing policy in Germany.

[108] Ibem, Eziyi Offia. The Contribution of Public—Private Partnerships (PPPs) to Improving Accessibility of Low-income Earners to Housing in Southern Nigeria, *Journal of Housing and the Built Environment*, Vol. 26, No. 2 (June 2011), pp. 201 - 217.

[109] Kupiec, P and Nickerson, D. "Assessing Systemic Risk Exposure from Banks and GSEs Under Alternative Approaches to Capital Regulation" *The Journal of Real Estate Finance and Economics* (28: 2), 2004, pp123 - 145.

[110] Lennartz, Christian, Marietta Haffner and Michael Oxley, Competition between Social and Market Renting: A Theoretical Application of the Structure-conduct Performance Paradigm, *Journal of Housing and the Built Environment*, Vol. 27, No. 4 (November 2012), pp. 453 - 471.

[111] Martin Khor and Lim Li Lin. Good Practices and Innovative Experiences in the South Vol. 2 (of 3 volumes): Social Policies, Indigenous Knowl-

edge and Appropriate Technology Part 1: Social policies Provision of public housing in Singapore.

[112] Mulliner, Emma, Vida Maliene. Austerity and Reform to Affordable Housing Policy, *Journal of Housing and the Built Environment*, Vol. 28, No. 2. June 2013, pp. 397 -407.

[113] Schwarcz, S L. "Systemic risk," *Georgetown Law Journal* (97: 1) 2008.

[114] Sheng, Yap Kioe, Housing. The State and the Market in Thailand: Enabling and Enriching the Private Sector, *Journal of Housing and the Built Environment*, Vol. 17, No. 1, State and market: Governing low-income housing in Asia. 2002, pp. 33 -47.

[115] Singapore's unique housing finance system housing fiance international 1982 (2), pp. 34 -35.

后　记

对保障房建设融资的分析，至此便告一段落了。站在全球住房保障发展的角度来看，面向供给方的保障房建设并不是一个热点，而是已经被面向需求方的住房保障政策取代，然而，在当前的中国却是一个备受关注的领域，并且实际工作已经远远走在理论之前。与世界趋势对比，总会让人怀疑在长远来看是否有必要进行保障房建设融资的深入分析。感谢外交学院国际经济学院竺彩华院长的鼓励和经济科学出版社吕萍社长和宋涛老师的帮助，使我能将此项研究坚持下来并付梓。

终于，在对保障房建设融资中的博弈行为进行分析时发现了研究保障房建设融资的意义所在。作为供给端的住房保障模式，保障房建设依赖于被保障居民在多大程度上付出谈判成本，这就直接对应着被保障居民是否有急迫的住房保障需求。因此，尽管发达经济体已经大幅弱化供给端的保障房建设，但是保障房建设并不会趋于消失，而是在某个住房保障问题严峻的时期被再度重视，这就使得总结既有的保障房建设融资模式并分析其风险仍有其必要性。

本书的篇幅并不长，只是试图突出模式创新和风险控制，国际经验部分也是为此服务的。其中，对我国保障房融资发展历程的梳理、对各国住房保障与融资经验的供给和需求端分类、对保障房建设融资中的博弈行为和系统风险的分析具有一定的独创性，既服务于本书最后得出的风险控制思路，也可以为其他学者的研究提供些许借鉴。

本书的写作过程中，吕风勇博士、李华罡博士提供了大量的资料与建议，我的研究生张伟、高佳琳、王尧、张文哲、王雷和崔梦婷，外交学院国蕾、熊瑶、刘美岑等同学也参与了资料搜集与整理。程瑜博士、高广春博士、黄森华博士、姜雪梅博士、蒋震博士、焦国华博士、李玉举博士、刘明彦博士、庄传礼博士、欧明刚教授、张文佳副教授、邓鑫副教授等专家也在研讨中提了诸多宝贵建议，竺彩华教授、吕萍社长和宋涛老师也给予了大力支持，在此一并致谢。

本书的主要观点，是在参考国内专家意见并在“保障房建设融资的国际经验、模式创新与风险控制”课题组讨论中得出的，但其错误、疏漏与不足之处由作者本人负责，欢迎广大读者批评指正。